JN274600

乳幼児のからだづくり
就学前にこれだけは

吉野尚也
YOSHINO Naoya

はじめに

　私が幼児の運動に関わることになったのは、今から25年前の昭和55年(1980)に東京都世田谷区教育委員会の指導主事になったことによります。
　着任早々、当時の上司であった岸上　修指導室長から「君は体育が専門だから、幼稚園だけど"運動遊び"もわかるだろう。今年度の研究奨励園が"運動遊び"をテーマにしているから担当してくれたまえ」と、こともなげに指示を受けてしまったのが始まりです。
　昭和37年(1962)に東京学芸大学・初等教育学科の保健体育科を卒業したものの、東京都ではその年には小学校教員の採用試験がなく、採用のあった公立中学校の保健体育科の教師になりました。そして、3年後に都立高等学校の保健体育科教師となり15年勤めた後で教育委員会の指導主事になった私にとっては、まさに青天の霹靂(へきれき)でした。
　しかし、先輩の指導主事から「指導主事は、専門以外といえども『私の専門ではないので…』などとねぼけた弱音を吐いてはならん。何のために現場の指導に行くのか、先生方に失礼千万ではないか」と厳しく教えられていたので、泣き言なんて言っているわけにはいきませんでした。
　大学では確かに小学校体育を専攻しましたが、小学校教師の経験もない私でした。ところが、世田谷区では、ほとんど毎日のように校内研究に講師としてお声がかかるのは「小学校体育の授業研究」でしたから、必死で勉強をし直すしかありませんでした。
　その上、幼稚園の"運動遊び"をゼロから勉強しなければならなくなったのです。必然

的に求めるものは書籍ばかりでした。

　しかし、いくら著書を読んだところで幼児の運動概念ばかりが先に立ってしまいー幼児を無理に自分の方へ捕えて、幼児の方へ赴き即こうとするこまやかさのない（幼稚園真諦・序）ー自分に気付いたのです。「目の前にいる子どもが最も新しい教科書」ならば、幼稚園で幼児と一緒に遊ぶしかないと考え、上司や研究奨励園・園長の許可を得て登園時から降園まで幼児とともに遊ぶことにしたのです。

　まず、驚いたことは、幼児が楽しそうに登っている「登り棒」の登り方が、幾通りもあることでした。それは力点となる足の動きでしたが、思い切って幼児の靴の「土踏まず」の部分を下から支え、登り棒に固定してあげると、どの幼児もスイスイと登れるようになりました。思わず「ぼく、いくつ？」と聞くとニッコリ笑って「4歳！」と答えたのです。

　幼児の一般的運動機能は「4歳ころに芽生えるのではないか」、だとすると「大人や教師はその頃の幼児にどう支援や援助の手を差し伸べるかが運動の芽を伸ばす一つのポイントではないか」と考えるようになったのです。

　早速、幼稚園の先生方と一緒に「ブランコの立ちこぎ」「鉄棒のとびつき」「縄とびの前跳び」「スキップ」「平均台歩き」などについて、幼児の暦年齢では何歳何ヶ月ごろからできはじめるのかを観察することになりました。

　その結果、ほとんどが4歳半前後にその芽が出ることが判ってきました。そこで、幼児の実態から良い指導の手立てとして「適時性を考慮した運動遊びの指導計画」を作ることにしたのです。その幼稚園の先生方とは3年間、一緒に勉強することができました。

　研究発表後の講評では「幼児の運動発達を客観的に捉えた指導計画として高く評価できる」とのお褒めの言葉とは裏腹に、現職の教師からは「幼児の特性や環境から、もっと全般的な弾力性をもつ総合的なものになっていないのでは」との声を耳にしました。

　その後、都立教育研究所に職場が移り、幼児教育研究部・幼児発達研究室で進めていた「幼稚園における幼児の遊びと運動の発達に関する研究」にも興味と関心を持つようになりました。しかし、その後、教育委員会の人事・指導行政を経て都立高等学校の校長となり定年退職となりましたので、幼児教育から遠ざかっておりました。

　ところが、定年後に現在の東京女子体育大学・同短期大学に勤めるようになると、幼稚園教員養成課程の「保育内容指導法・身体表現」、小学校教員養成課程の「小学校体育科教材研究」を担当することなり、再び幼児の運動遊びや小学校体育を学ぶことになったのです。そして、大学に勤め始めた直後、ふとしたことから雑誌『げんき』の特集記事「バラ

ンスのよい身体づくり」を担当する機会がありました。

　本書は、その後2年間、12回に渡って『げんき』に連載した「幼児のからだづくり」をベースに加筆したものです。とても世に出すには恥ずかしい独断的な内容ですが、読者のご批正をいただきながら、更に学び続けたいと考えています。

乳幼児のからだづくり─就学前にこれだけは ［目次］

はじめに　　3

第1章　基本的生活習慣の確立を　　11

　　小学校のベテラン教師から ─────── 12
　　幼稚園の園長から ─────── 13
　　20数年前の調査結果 ─────── 14
　　増加する夜型傾向 ─────── 14
　　まずは基本的な生活習慣の確立を ─────── 17
　　時を守る ─────── 18
　　場を清める ─────── 20
　　礼を正す ─────── 20
　　朝起きたら顔を洗う ─────── 22
　　食事の後は歯を磨く ─────── 23
　　「手洗い」と「うがい」 ─────── 23

第2章　からだづくりの基礎はこころづくり　　25

　　耐忍性は薄紙を貼り重ねる如く ─────── 26
　　小1プロブレム ─────── 27
　　生活のリズムとしつけ ─────── 28
　　子ども同士のしつけ ─────── 28
　　この時期の習い事 ─────── 30
　　技能や筋力を求めるのではなく ─────── 30
　　体力の問題か、心の問題か ─────── 31
　　我慢する心がなくなっている？ ─────── 33
　　我慢の薄紙を一枚一枚張り合わせる ─────── 33
　　個の耐忍性は集団の重要な要素 ─────── 34
　　背中をみせる、教えるが大切 ─────── 34
　　感化淘冶する部分を欠落させないように ─────── 35

太い幹を育てる ──────── 35
　　　教育における不易 ──────── 36
　　　集団行動の基礎作り ──────── 36
　　　子どもの集団行動 ──────── 37
　　　伝わる子育ての技 ──────── 38
　　　立派な上級生 ──────── 40
　　　幼稚園の運動会 ──────── 40

第3章　乳児期のからだづくり　　45

　　　ジッと見守り、数多く体験させよう ──── 46
　　　小学校体育の「基本の運動」──────── 47
　　　人間として基本的な動きの大切さ ───── 48
　　　育ちの階段をしっかりと登ろう ────── 48
　　　乳児の体の発達と運動 ──────── 50
　　　首すわり以前の頃（1〜2カ月頃）──── 50
　　　首すわりの頃（3〜4カ月頃）────── 51
　　　寝返りの頃（5〜6カ月頃）─────── 52
　　　這い這いの頃（7〜8カ月頃）────── 55
　　　おすわりの頃（9カ月頃）──────── 57
　　　つかまり立ちの頃（10カ月頃）───── 59
　　　つたい歩きの頃（11カ月頃）────── 60
　　　ひとり立ちからひとり歩きの頃（12カ月頃〜）── 61
　　　しゃがむ（15カ月頃）──────── 61

第4章　幼児期のからだづくり　　63

　　　幼児の運動を生むもの ──────── 64
　　　からだづくりのための要件 ──────── 66
　　　教師の専門性とは ──────── 68

バランスのいい身体をつくるために ———— 72
幼児の発達と運動の適時性 ———— 73
運動の発育・発達課題 ———— 74
幼稚園での調査結果 ———— 79

第5章　運動と遊びの源を探る　　81

幼児の運動を促す要因 ———— 82
活動意欲が高まり運動機能が発達する ———— 83
友達と活動する楽しさが自己抑制を育てる ———— 84
環境への関わりが発達を生む ———— 84
発達に応じた環境 ———— 85
幼児の運動が促される背景は ———— 85
場や物への関わりが運動を生む ———— 85
イメージを真似る時期 ———— 87
より良い大人の後姿 ———— 89
運動が生み出される「イメージ」 ———— 90
受け止めてくれる仲間 ———— 92
運動を生み出す背景としての「人」 ———— 93
まねっ子遊び ———— 93
「めまい体験」と「逆さ感覚」 ———— 95
幼児はだれかに見てほしい ———— 96
対応する人 ———— 97
自分のもつ体のリズム ———— 98

第6章　子どもたちに豊かな遊びを　　101

幼児の遊びの意義 ———— 102
遊びは自由で、自発的 ———— 102
遊びは学習 ———— 103
遊びはその活動自体が目的 ———— 104
遊び人数が少なくなっていませんか ———— 104

太陽の下で遊ぼう ──────── 106
伝承遊びの危機 ───────── 107
遊びの貧困化 ─────────── 108
昭和の遊び ───────────── 109
遊びのタイプ類型 ──────── 109
太陽と水に感謝 ────────── 116
泥んこ遊び ───────────── 117
水遊び ─────────────── 118
遊び・食事・睡眠のリズム ───── 119
水遊びのきまり ────────── 119
水慣れが一番 ─────────── 120
安全・保健・衛生への配慮 ──── 122

あとがき　124

第1章
基本的生活習慣の確立を

第1章
基本的生活習慣の確立を

小学校のベテラン教師から

　小学校の体育の授業や運動会で、「手おし車」や「組み体操」をすると、自分の体を自分の両腕で支えられない子どもや、「ドッジボール」や「バスケットボール」のゲーム中に、少しも動こうとしない子どもなどが増え、「最近、子どものからだの動きがどうもおかしい」という声を"また"耳にするようになりました。

手押し車がちゃんとできますか？

　"また"というのは、今から30年ほど前の1970年代、多くの小・中学校で主に養護教諭

の先生方が、「朝からあくび」「背中ぐにゃ」とか「朝礼でバタン」といった子どもが増えていると、危険信号を発しはじめたことがあるからです。

そして、昭和53(1978)年の秋には、NHK「子どものからだ」プロジェクトチームが日本体育大学体育研究所の協力を得て企画制作した警告番組「子どものからだは蝕まれている」が放送され、全国的に大きな反響がありました。全国の小・中・高等学校一千校の養護教諭を対象に43項目のアンケート調査を行い、883校から回答を得たのですから当時の学校現場の関心の高さが伺われます。

その調査からわかったことでは、特に目立ったものとして、つまづいた時にとっさに手が出ず頭や顔に直接ケガをするということがありました。また、それ以外にも、
① まばたきが鈍く、目にゴミや虫が入る
② ちょっとしたことで骨折する
③ 朝礼のときバタバタ倒れる
④ 高血圧や動脈硬化が目立つ
というものがありました。

子どもが我が身を守れなくなったり、朝礼の時などにうずくまったり、倒れたりするので、始業式などの話は短く面白くしゃべるという校長先生の声を多く聞くようになりました。こうした事態に対処するため、晴天の日でも朝礼は校庭ではなく体育館で行うようになった小・中学校が多くなったとも聞きました。

それからおよそ27年経って、その頃の小・中学生が今の幼稚園児や保育園、そして、小・中学生のお父さんやお母さんになっています。

幼稚園の園長から

こうした状況があるなかで、ある公立幼稚園の園長がしみじみと「最近の幼児にお話をする時は、よほど趣向を凝らさなければガヤガヤと騒いでいて静かに話を聞くことができないのですよ」と話されていました。さらに続けて「それは、子どもたちに限らず保護者会でも同じなのです」とおっしゃっていました。

筆者の20年ほど前の経験では、まず「みんなおりこうだなー。キチンとおひざに手をおいている子はえらいねー」などと話すと、幼児たちはとたんに静かになり、姿勢を正して

くれたものです。ところが「今の幼児には、そんなお世辞は通用しないですよ」ともおっしゃるのです。すべての幼稚園・保育園がそうだとは思っていませんが、なるほどとうなずけるような気もしました。

でも、最近どこかで聞いた不愉快な話に似ていませんか。

ここ数年、各自治体で開催される成人式において、参加者の私語が多く、講話をされる方々が困り果てている姿を報道などで目にします。中には、ディズニーランドで成人式を開催した自治体もありました。そんな成人のための費用を税金として納めている方々はどう感じたのでしょうか。しかし、こうした非常識な成人を育てたのも間違いなく私たち大人なのです。

教育とは、次代に生きる人間を教え育てることによって、次代を創造する人間として最も基本的な営みです。言い換えると、大人が子どもをしっかりと育てなければ、次の時代に生きる子どもたちが健康でこころ豊かな生活を送ることはできないのです。

20数年前の調査結果

昭和52年に、都立教育研究所の保健体育研究室において、小・中・高校生1260名を調べたことがあります。これは、東京オリンピック以降にスポーツテストが各学校で実施され、体力向上という掛け声で一時は伸びたけれども、子どもたちの体力が低下している、漸減傾向があるではないかということで、その原因を調査したものでした。今から30年近く前のことですから、調査対象になった世代は今のお父さん、お母さんになっている年代です。その調査からは次のようなことがわかりました。

増加する夜型傾向

子どもたちの生活が、夜型傾向になっていることがわかりました。夜遅くまで起きているために、朝寝坊になっています。しかし、学校や幼稚園に行く時間は決まっていますから、その時間にあわせて起床することになり、自律起床ができません。そのため、朝食時にも空腹感がありません。

■平均の就寝時刻・起床時刻の各国比較

国　名	調査年	調査対象年齢	就寝時刻	起床時刻
スイス	1984	3歳	19：38	07：00
フランス	1991	3歳	20：00	07：18
イタリア	1996	25-48ヶ月	21：48	07：08
米国	2000	36ヶ月	21：11	07：05
仙台市周辺農村部	1999	42-43ヶ月	21：15	07：01
仙台市内	1999	42-43ヶ月	21：24	07：28
米国	1995	3歳	21：42	07：42
草加市	1999-2000	3歳	21：44	07：48
中国（賈志勇）	1984	幼児	21：24	06：21
中国（賈志勇）	1999	幼児	21：46	06：55

出典：神山潤「子どもに"眠り"を返そう―早起き早寝がヒトをつくる」『げ・ん・き』No.90、エイデル研究所

■子どもの夜ふかしをめぐる状況

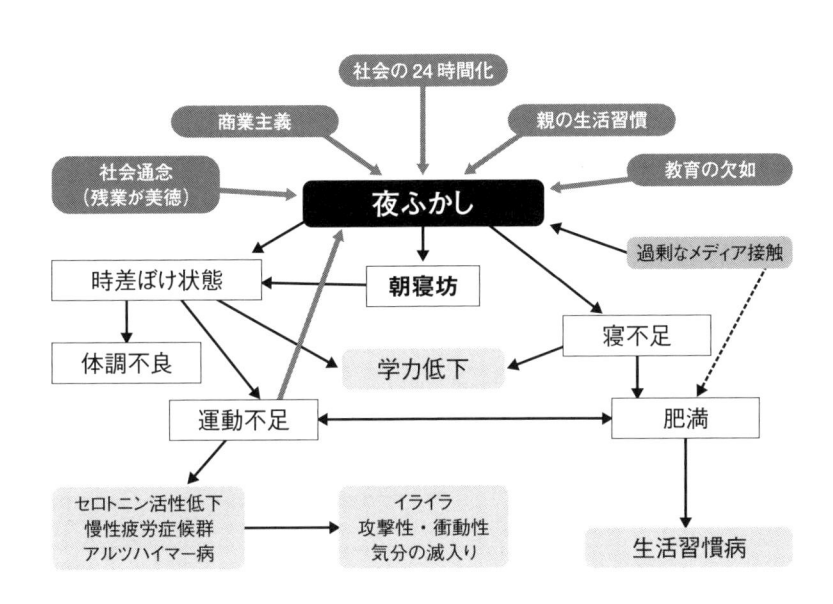

出典：神山潤「子どもに"眠り"を返そう―早起き早寝がヒトをつくる」『げ・ん・き』No.90、エイデル研究所

■生体リズムのメカニズム

成長ホルモンの分泌

入眠
体温：下降
メラトニン：増加

質のよい睡眠
・脳神経系の十分な休息
・身体疲労の回復

夕食
朝食

日中の活動
・昼食
・午睡の確保

セロトニンの分泌
体温：上昇
しっかりと覚醒

日中の良好な活動量→セロトニンの増加

→ 連動して起こる作用
⇢ 光刺激による作用

出典：木村留美子『子どもって…ねー子育ては子どもとおとなの知恵くらべ』エイデル研究所

■理想的な生体リズム

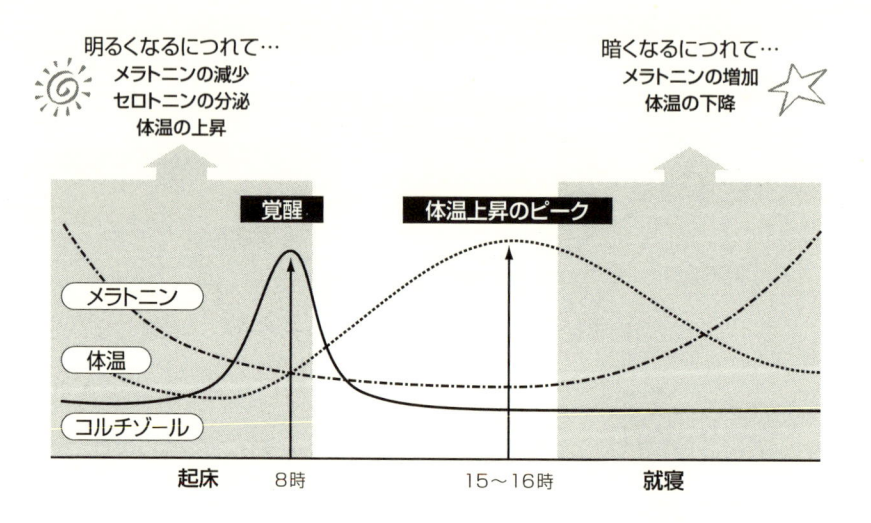

明るくなるにつれて…
メラトニンの減少
セロトニンの分泌
体温の上昇

暗くなるにつれて…
メラトニンの増加
体温の下降

覚醒　　体温上昇のピーク

メラトニン
体温
コルチゾール

起床　8時　　15～16時　　就寝

出典：木村留美子『子どもって…ねー子育ては子どもとおとなの知恵くらべ』エイデル研究所

当時の小学生の約10％、中学生の約20％、高校生の約30％が、週に1回以上朝食を食べずに登校するという事実に、驚きをかくせませんでした。エネルギーを入れずに登校するわけですから、当然体力なんかつくはずがないのです。

　そして今や、この夜型傾向が日本中の電気の消費量増加と同じように進み、社会はまさに不夜城的様相をなしています。六本木・新宿・渋谷は深夜の12時に行っても、身動きがとれないほど人であふれています。終電に乗っても満員状態です。

　街全体の夜型化は特に都会では激しいのですが、単に都市部だけではなくて、農村部まで広がっています。深夜営業の大型店舗やコンビニが田舎の夜を明るくしはじめました。それに加え、各家庭においても、パソコン、インターネットやテレビゲームが入ることによって、集団として右往左往する以上に個としてもオタクが出始めています。

　延々と夜の時間を過ごす人間が増え、また、そうした生活をそのまま家庭でもするようになりました。大人の生活の悪影響を受けるのは子どもたちです。日が暮れて遊びから帰り、食事をしてお風呂に入って寝るといった、かつては営まれていた、人間としての基本的な生活習慣が乱れてきているのです。

　子どもの体力、運動の問題について話すとき、「体力が低下しているから運動をさせましょう」といった国民総運動の掛け声以前に、子どもとしてふさわしい日常生活、基本的生活習慣を取り戻すことこそが、からだづくりの大前提といえます。

　調査を行った後、私は指導主事となり、このことをさかんに言っていました。しかし、現実には変わらないどころか、夜型傾向、食生活の乱れ、遊びの孤立化はますますひどくなっています。どんなに運動やスポーツを推奨しても、生活全体が直らない限りはダメだというのが私の考えなのです。

まずは基本的な生活習慣の確立を

　子どものこころや体のおかしさに対して、われわれ大人はどうすればよいのでしょうか。わけても、幼児期の子どもに関わる親や保育者（指導者）はどんなことに注意し、子どもの動きに関わればよいのでしょうか。

　子どもだけでなく私たち大人にとっても、体づくりのベースとなっている基本的な生活習慣をまず見直すことが第一です。

ところが「基本的生活習慣」という言葉はよく聞くのですが、具体的にはどんなことなのかをはっきりさせなくてはいけません。
　私は、「時を守る」「場を清める」そして「礼を正す」ことの三つがあると考えています。

時を守る

　地球上の多くの動物の中で時間を持っているのは人間だけではないでしょうか。1年を365日とし、1日を24時間、1時間を60分と決めたのは人間の知恵であり約束事なのです。
　とすると、子どもの生活時間をもう一度原点に戻って、確立し直すことができるか、そのことが保護責任を持つ親や指導者に求められる大切なことと言えそうです。
　24時間営業のお店が全国にでき、ますます夜型傾向が進む現在の日本、中でも不夜城と言われる都会に育つ子どもたちの就寝時刻を一定に保持することは余程保護者が意識して実行に移さない限りなかなか難しいことでしょう。
　公害によって起こる問題ならば、その発生源をなくせば解決するのですが、発生源が私たちの求めてきた文明といわれる生活ですから、これをなくすわけにも、後戻りすることもできないのです。
　従って、この文明の生活にどっぷりと浸かってしまわずに、どこを楽にし、どこを「こころや体の発達や健康」のためにガマンさせたり、不便にすべきかということを親は子どものために選択しなくてはならなくなってきたのです。
　できれば、幼児は陽が暮れたら帰宅し、家族そろって夕食を摂り、たとえそれが大人にとって不都合であろうとも、午後9時には就寝させたいものです。
　都内では夜遅く電車に乗ると、携帯電話を持ち、スナック菓子を食べながら電車の中を歩き回る学習塾帰りと思われる小学生を見かけることが珍しくありません。
　どんなに勉強ができても、どんな有名校に進学しても、こころや体がダメになってしまえば元も子もなくなってしまいます。
　人生にとって、健康は目的ではありませんが、第一の手段なのですから。
　夜型の生活が定着してしまうと、当然「睡眠不足」や「朝寝坊」そして「家族の団欒」も少なくなり、朝食までもまともに摂れなくなってしまうのは避け得ないことになってしまいます。

■朝ご飯を食べて学校にいくか

(単位：%)

	小学生	中学生	高校生
ほとんど毎朝食べない	1.4	6.1	9.8
週に3、4回食べない	2.4	3.7	4.3
週に1、2回食べない	7.8	11.0	16.3
計	11.6	20.8	30.4

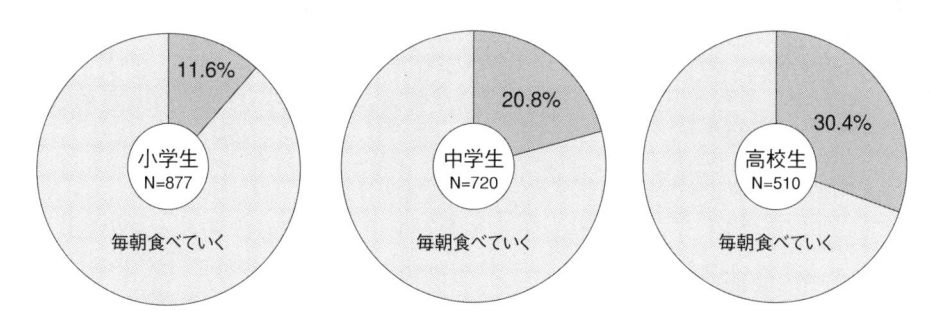

小学生 N=877　11.6%　毎朝食べていく

中学生 N=720　20.8%　毎朝食べていく

高校生 N=510　30.4%　毎朝食べていく

週に1回以上朝食を食べずに登校する小・中・高校生の割合（1997年）

　前述した小・中・高校生1260名を対象に調査した結果が上のグラフです。

　ご覧のように、小学生の11.6％が週に1回以上朝食を食べずに登校しています。食習慣が乱れているのです。なかには、スナック菓子が食卓に並んだり、冷たいジュースを飲みながらご飯を食べたりする家庭がありました。あるいは、きちんとした三食をとるよりも間食が多くなってしまい、空腹感がなくただ食べることを無理強いされる子どもたちが出てきました。

　この調査からもう30年近くが経っていますが、この傾向はむしろ増加こそすれ、減少したとは思えません。

　ガソリンを入れずに自動車は走れぬように、朝食も摂らずに運動したって「からだづくり」どころか、「朝からあくび」が関の山ではないでしょうか。

場を清める

　基本的生活習慣としての二つ目は、自分の身の回りをきちんと整えることができる子どもに育てることです。

　筆者も男女ふたりの子育てをしましたが、ある日小学校中学年になった長女の部屋があまりにも乱雑なのに腹を立て、部屋にあったもの全てを庭に放り投げたことがあります。

　シクシク泣いている長女に「片付ける」とは「本は本でもB4はB4、B5はB5と同じものは同じところへ置き、使ったら元のところへ返すということが『型をつける』ことなのだ」などと自分流の理屈を教え、長女と一緒に部屋を片付けた思い出があります。以来、長女の部屋が乱雑になることはなかったようです。

　その長女と長男の子どもたちである小学校1年生と幼稚園の年長児・年少児の孫三人が正月に我が家に遊びに来ました。おもちゃ箱からありったけのおもちゃを出して遊んだあと、いよいよ帰る時間になりました。

　「おかたづけ」を始めたのですが、ただおもちゃをおもちゃ箱に放り込み、押しつけているのです。

　「さぁ、もう一度全部出してごらん」「同じ絵本は絵本、かるたはきちんと箱に入れよう、パズルも元に戻そう、着せ替えは着せ替えの箱に入れようね」とおじいちゃんと一緒に「おかたづけ」を最初からやり直させました。次に遊びに来たときからは、黙っていてもきちんと片付けてから帰宅するようになりました。

　「場を清める」ことは服装や洗顔、手洗いや歯磨きといった生活習慣全般に通じ「からだづくり」の基盤となるものなのです。

　人が将来、自主・自立するためには、幼児の頃の「場を清める」ことが土台となって、その基礎の上に構築されていくにちがいありません。

礼を正す

　人と人があいさつを交わすことは、人として相手を認めることの第一歩であり、人間尊重の基本です。

　シンガーソングライターのみなみらんぼう氏は「知らない国へ行った時、心細くても必

ず覚える言葉は『こんにちは』『さようなら』そして『ありがとう』である。幼児の時のマナーは、この三つの言葉を伝えるかどうかにかかっている」と述べておられます。

朝の「おはようございます」、感謝を表す「ありがとう」、お先に「しつれいします」、謝るときには「すみません」、このあいさつのことばの頭文字をとると「オアシス」になると教えている学校は多いです。

幼児が「しつれいします」「すみません」などとあいさつしたらむしろおかしいけれど、食事の始めに「いただきます」、おわりに「ごちそうさまでした」、人に会ったら「こんにちは」、迷惑をかけたら「ごめんなさい」、うれしいときには「ありがとう」、別れる時には「さようなら」程度のあいさつは、幼児期にきちんと大人が教えなければならないことなのです。

樹には根があり、大きなビルにはそれに匹敵した基礎があるように、物事には見えるものと見えないものとがあります。

「子どものからだが蝕まれている」「体力がなくなった」というと、すぐに「遊びや運動」と結び付けて考えるのは、どうも場当たりで一面的に物事を捉えているのではないかと思います。

子どもの元気さや、点数に表わされた子どもの体力や学力は表面的にはよく見えるのですが、それまでに積み上げてきた努力の汗や涙、優しさや我慢強さなどはなかなか見えにくいものです。

しかし、人間にとって、この見えやすいものと見えにくいものとのバランスがとても大切なことなのです。目立つもの、表面上のことのみに目を奪われていては物事の本質は見えてこないのです。

小学校で「学級崩壊」が問題になっています。その最初の兆候が授業中の私語だといわれ、最初はヒソヒソ、やがてガヤガヤ、そしてワイワイとなってしまうのだそうです。人の話を黙って聞けない原因は、
①話す訓練ができていないので聞く訓練もできていない。
②テレビを見ながら他のことをするなどの「ながら行動」に慣れて、公私の感覚がズレてしまった。
という二つだと言われています。

見えにくい部分、平素から蓄積された点が線となって、さらに面や立体として表れてしまうものなのでしょう。

その意味でも、日々の生活を積み上げていく子育てという営みの中で「基本的生活習慣」は元気なからだづくりの大切な基礎になるのです。

お帰りの時、担任が一人ひとりの園児と握手をして「さようなら」をする

朝起きたら顔を洗う

　水質汚染が問題になっている昨今の日本とはいえ、世界でこんなにきれいな水に恵まれている国も少ないのです。

　水道の蛇口をひねるとすぐ水の出る幸せな家庭で育つ多くの子どもたちにきちんと教える健康の第一歩は「朝起きたら顔を洗って、口をすすぐ」という衛生的な生活習慣を幼児期から身に付けさせることです。

　スポーツを始める前に「準備運動」をすることはよく知られています。このウォーミング・アップの意義は、活動する筋肉の温度を上昇させるとともに、体内の酸素利用の効率が高くなり中枢神経系の働きがよくなると考えられています。

　一方、精神的身体的惰性に打ち勝つことにもなるのです。例えば、眠りから醒めた後や長い休息の後には睡眠や休息の惰性があり、それに打ち勝ち、気持ちを切り替えていく方法でもあるのです。

　朝の洗顔や口をすすぐ行為は、衛生面だけでなく睡眠という精神的身体的惰性から気持ちを切り替え、健康な一日のスタートをするための準備運動ともいえましょう。

食事の後は歯を磨く

次に、忘れてはいけないことに「食後の歯磨き」があります。

口腔の衛生状態とむし歯や歯肉炎が密接に関連することはよく知られています。

乳幼児期の「ブクブクうがい」や「正しい歯磨き」の習慣が、生涯を通じて健康に大きな影響を及ぼすことはいまさら述べるまでもないでしょう。

また、乳歯の管理をいいかげんにすると永久歯に影響を与えることも注意しなければなりません。

最近では、小児用の歯ブラシが成人用と並んで店頭に多数見られ、子ども用の電動歯ブラシまで市販されています。

これらのことは当たり前のことと思われるかもしれませんが、是非実行してほしい習慣なのです。

「手洗い」と「うがい」

4歳になる女児のお母さんが「ピアノを習い始めてから、外出後の手洗いとうがいをきちんとするようになりました」とおっしゃっていました。ピアノの先生がピアノを弾く前に、「なぜ」手洗いとうがいが必要なのかを子どもにきちんと説明されたそうです。

なぜそのことをしなければならないのかを、子どもにもよく理解できるように説明し、納得させることは「やらされる」のではなく自分からやろうとする「自主性」をも育てるのです。この「教える」ことと「育てる」ことが教育なのです。

子どもが3歳になった時、実は親もまた3歳なのです。謙虚な自覚を持ちながら、地味ですが、大切な「からだづくり」の基礎を一つ一つ培っていきましょう。

第2章
からだづくりの基礎はこころづくり

第2章
からだづくりの基礎はこころづくり

耐忍性は薄紙を貼り重ねる如く

　東京都の教育委員に就任された脚本家の内舘牧子氏は、NHKのインタビューにこんな抱負を述べておられました。

　「子どもの個性を大事にしなければならないし、良いところを認め、褒めて育てることはよいことだけれど、そればかりが走りすぎて、やってはいけないことをきちんと教えてこなかったのではないでしょうか」

　小学校における学級崩壊の原因も「聞く訓練の欠如」や「ながら行動に慣れた公私の行動のズレ」が原因とはいえ、煎じ詰めてみれば、家庭生活の中で保護者である大人が子どもにやってはいけないことをきちんと身に付けさせていない事なのではないでしょうか。

　言い換えると「がまん」ができない子どもを保育園や幼稚園、そして学校に送り出しておきながら、子どものしつけが悪いのは学校や先生のせいにしていると言ったら言いすぎなのでしょうか。

　がまんができるという忍耐力は、脳のなかの主に「脳幹」という場所が支配しているのですが、これは、何回も何回もがまんの経験を繰り返しながら少しずつ作られるものなのです。

小1プロブレム

　昨年の4月、久しぶりに小学校1年生の担任となり、もうすぐ学年末を迎えようとしているあるベテランの女教師から聞いた愚痴話です。
　「学級崩壊とは、学級という形が1回できたあとでそれが壊れてしまうことをいうのでしょ。ところが、入学当初からこれまで、学級が集団として上手く機能しないまま一年が終わりそうなのです」
　「男の子3人と女の子1人が授業中に勝手に歩き回ったり大騒ぎをするのです」
　「テストの時には隣の子の答案を平気で見るので、何度注意をしてもやめようとしないし、校庭での遊びもクラスの仲間と遊ぶのではなく、勝手に走り回ったり、遊具を独り占めにして譲ろうともせず、遊んだあと手洗い場に順番に並んでいても、平気で前に割り込んでしまう」とのことです。
　その上、学級個人面談の際に母親にその様子をお話したら「学校でのことは、学校でキチンと指導していただくようお願いします！」とおっしゃられるのだそうです。
　さらに、授業参観中に教室内でその母親の携帯電話が鳴り、子どもたちがドッと騒いでも平気で廊下に出て通話を続けているありさまだというのです。
　そんな母親がどのクラスにも数人いるとのこと、念のため調べてみたら、4人とも同じ園を卒園した子どもだったとのことです。
　少子化や共働き世帯の増加などに対応した、幼児教育の在り方を検討していた文科省の調査研究協力者会議のまとめでは、幼稚園の一学級を複数の教員が指導する「チーム保育」とともに、小学校と幼稚園の両方の教員免許を取得できるよう教員養成制度を改善し、幼稚園と小学校との人事交流を図ることを提言しています。
　また、幼稚園を「保護者自身が保護者として成長する場」としての拠点とすることも求めています。
　さらに、同省が先にまとめた「学級崩壊レポート」は、小学校と幼稚園の連携不足により、特に小学校1年生で指導困難が生じる「小一プロブレム」を指摘していることから、今後ますます保育園や幼稚園と小学校との具体的な連携が必要になってくると思われます。

生活のリズムとしつけ

　子どもは3歳を過ぎたら集団の中に入っていきます。そのためには、決まった時間に起きて、きちんと食事をさせ、定時に寝かせるという生活のリズムをつくってあげる家庭の役割が大切です。

　これは、親として子どもの生活時間をコントロールするという子育ての基本であり責任でもあります。

　一方、子どもが共同体の成員として生活していくための基礎的な知識や社会性を「しつけ」として、一応の道徳観を育てておかなければなりません。

　この「生活リズム」と「しつけ」といった最低限の基本的生活習慣を身につけずに小学校に入学させてしまい、全てを学校の責任にしてしまうとしたら、先生方はたまったものではありません。

　繰り返し述べますが、からだづくりの基礎になるものは基本的な生活習慣の上に成り立つものなのです。

子ども同士のしつけ

　少子化が進み、祖父母と親と孫との暮らし、いわゆる三世代同居の家庭が少なくなったことが、日本の「伝承遊び」の断絶を招いてしまいました。そして、子どもが群れて外遊

落ち葉で遊ぶ親子

びをする経験が少なくなったことが、幼児のこころとからだに大きく影響しました。

　かつては、子どもの道徳観を育てる居場所として神社の境内や広場などで子どもたちが群れて遊べる空間があちこちにありました。その空間で子どもたちは地域の異年齢集団で外遊びをしながら様々なことを学ぶ機会があったのです。

　たとえガキ大将だとしても、遊びのルールを守ったり、相手の気持ちを考えなければ遊びが長続きしなくなり、楽しくなくなったりしてしまいます。

　男の子ならサッカーや野球、すもうや鬼ごっこ、女の子ならままごとやゴム跳びなど、どの遊びをみても子ども同士のルールや駆け引きが遊びを楽しくしていました。

　体力のある者はない者に手加減をしたり、体と体のぶつかりあいの中でどこまでやれば相手に危害を与えないかを知り、適当なところで止めるタイミングを学んだのです。本気で相手を殴ったり、相手の顔に向かって物を投げつけたりすることは、子どもの世界では「禁じ手」だったのです。

　こうして子どもたちは、群れて遊ぶことを通して思いやりや優しさ、教え合ったりかばい合うといった社会性や協調性を自然に身につけて育ったのです。言い換えると、遊びによって子どもが互いに「しつけ」をし合っていたとも考えられます。

　この群れて外遊びをする空間が急減したといわれる1970年代から、学校でのいじめや校内暴力が増えてきたこととは、偶然の一致ではないような気がします。

文化センターの手すりで仲良く遊ぶ

でも、失ってしまったことを嘆いてばかりいても仕方がありません。

地域ではもう一度、子どもが群れて外遊びをする空間を取り戻す努力をするとともに、保育園や幼稚園では意図的に子どもたちが群れて遊ぶ環境をできるだけ多く作ってあげてほしいと考えています。

この時期の習い事

スイミングスクール、体操教室、少年野球などに何を期待すればいいのでしょうか。私は、できればそこで技能を身につけるとか、うまくなるといったことを子どもたちに要求しないでほしいと思っています。親しめばうまくなる、その程度でよいと考えています。

最初に説明しましたが、早く寝て早く起きるとか、朝食をしっかり食べるといった基本的な生活習慣をきちんと整えてからでなければ、こういうところに行かせて、体力向上を期待してもしようがないからです。私事ですが、自分の孫の成長を見てつくづく感じます。幼稚園に行ったことによって非常にいい子になりました。例えば、おもちゃでも「じゅんばん」とか、「こんどはわたし」と約束ごと、ルール、社会性を身につけてくる点では、スイミングでも少年野球でも体操でも何でもいいと思います。

技能や筋力を求めるのではなく

人間の発育発達曲線から考えると、小学校5年生くらい、10歳以上にならないと筋力をつけるための運動はあまり意味がありません。就学前の子どもが車のテールランプを見て車種を全部言えるほど覚えていても、大人になったらすっかり忘れてしまう、ということに似た部分があります。

12歳までに身につけなければならないことは、「リズム」「バランス」「タイミング」のコーディネーションです。そして、コーディネーションができるということは、調整力が身につくということです。

その間にリズム、バランス、タイミングのある動きを子どもたちが身につけるために、少年野球でもスイミングでも結構だと思います。しかし、要求するのが技能を身につける

■ 基本的運動技能

幼児の運動の中心は、環境に応じて体を動かす動かし方の基本ともいえる基本的運動である。基本的運動とは、あらゆる側面で望ましい発達をするために不可欠な運動であり、その後のスポーツや日常の動作の基礎となるものである。

移動系：移動する運動技能
① ころがる　　　　　　　　ゆする、横転、前転、後転
② 四つ足での移動　　　　　はう、歩く、走る、跳ぶ、よじ登る、両手をついて跳び越す、側転
③ 両足での移動　　　　　　歩く、走る、跳ぶ、ギャロップ、スキップ、スライディング
④ その他の移動　　　　　　泳ぐ、滑る、ぶら下がっての移動

平衡系：その場での運動
⑤ バランス
　　静的バランス　　　　　座る（かがむ）、立つ（伸び上がる）、様々な身体部位でのバランス
　　動的バランス　　　　　スタート、ストップ、身をかわす
⑥ 軸運動　　　　　　　　　伸ばす、曲げる、ひねる、振る、まわす
⑦ 緊張と解緊　　　　　　　全身、身体の一部

操作系：物を扱う運動
⑧ 持ったままでの運動　　　運ぶ、振る、振り回す、持ち上げる、押す、引く、ねじる
⑨ 放つ（推進させる）運動　打つ（叩く、殴る、蹴る、突く）、投げる
⑩ 受ける

出典：デビット・L・ガラヒュー著、杉原隆監訳『幼少年期の体育』大修館書店、1999年

とか筋力を身につけるために、通わせるというのではなく、リズム、バランス、タイミングという人間の発育発達課題に対応したものであり、なおかつ社会性を身につける――もっと言うとなかなか家庭ではつけられない、我慢する能力＝耐忍性、順番を待つ能力――、そういうところに出して、我慢をすることを身につけるということは、意味があると思います。

体力の問題か、心の問題か

　平成10年度の東京都公立幼稚園の5歳児の運動能力調査結果（都立教育研究所）をみると、それが実によく表れています。昭和55年を100とした場合、5種目（「25メートル走」「立ち幅跳び」「ソフトボール投げ」「体支持持続時間」「両足連続跳び越し」グラフ参照）のすべてが低下しています。なかでも、「体支持持続時間」――どれだけ両腕で体を支えていられるかという時間を計るものですが――はひどいものです。

■ 5歳児の運動能力調査

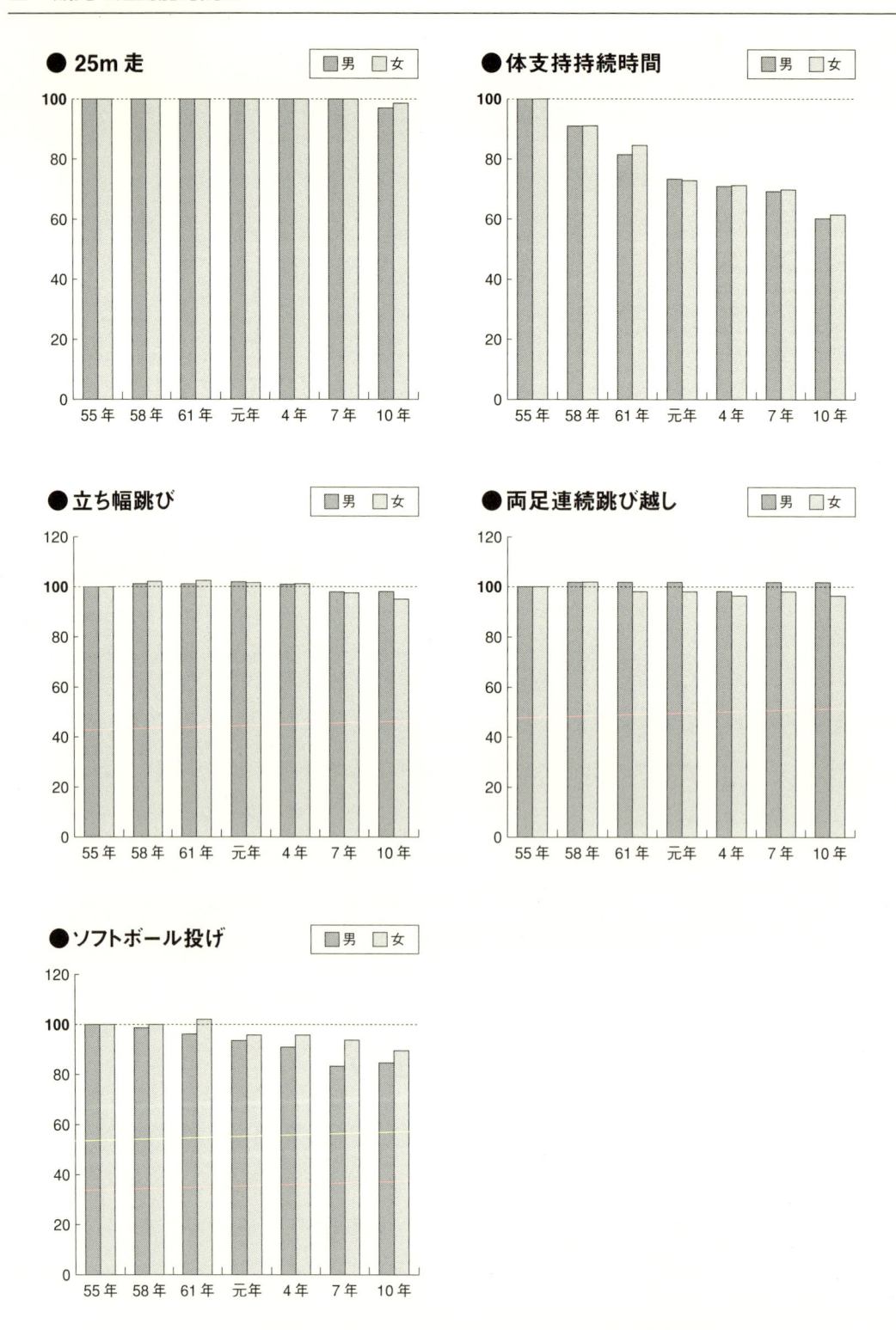

● 25m走
（男／女）
55年～10年の推移：10年でやや低下（男約97、女約98）、他はほぼ100

● 体支持持続時間
（男／女）
55年100 → 58年約91 → 61年約82/85 → 元年約73 → 4年約70 → 7年約69 → 10年約60/61

● 立ち幅跳び
（男／女）
55年100 → 58年約101/102 → 61年約101/102 → 元年約102/101 → 4年約101 → 7年約97 → 10年約97/94

● 両足連続跳び越し
（男／女）
55年100 → 58年約102 → 61年約102/97 → 元年約102/97 → 4年約97/95 → 7年約102/97 → 10年約102/95

● ソフトボール投げ
（男／女）
55年100 → 58年約98/99 → 61年約96/102 → 元年約93/95 → 4年約91/95 → 7年約83/93 → 10年約85/89

出典：平成10年度 東京都公立幼稚園5歳児の運動能力調査―その7―（東京都立教育研究所）により作図

我慢する心がなくなっている？

　東京オリンピックが開催されて以降、国を挙げて体力向上という掛け声をかけ続けてきても、依然として子どもの体力が落ちてきているのです。体力、運動以前の問題であるということがよくわかります。つまり、こころの問題です。少子社会となり、遊び人数が減り、家庭が疎遠になっていく現代の日本の中で、子どもを育てる時に──精神論ではありませんが──我慢をしなくてもよい環境が整ってしまったのではないでしょうか。

我慢の薄紙を一枚一枚張り合わせる

　例えば、これはアフリカからの留学生から聞いた話です。この留学生の家庭では、大きなお皿にドーンとおかずを出して、お父さんがまずとって、次は小さい子どもからおかずをとっていくのだそうです。そうすると、小さい子は判断力が弱いからとりたいだけとってしまいます。10人きょうだいで一番上のお兄ちゃんがとるときには、のこりわずかとなってしまいます。ただ、こうした生活を毎日繰り返すことで、兄弟が上手に分け合って食べることを経験として学んでいくというのです。
　こうした経験は、日本の今の生活のなかではみられなくなってしまいました。我慢の経験不足だということが心の問題となってきているのではないかと思います。
　心理学的には、我慢をするということは、経験して一枚一枚薄紙を張り合わせるようにしていかないと身につかないものです。
　小さい我慢、つまり「ご飯だからちょっと待ちなさい」とか「お父さんが座ってからみんなで『いただきます』をしますよ」「手を洗ってからでなきゃダメですよ」の積み重ねによって待つということを身につけていきます。しかし、今は「ちょっと待て」というブレーキをかける必要がありませんし、かけさせないようにする親もいます。「食べてちょうだい、お願いします」とか「並んで下さい」なんて言う先生もいます。でも、大人が子どもに頼む必要なんてそもそもないのです。

個の耐忍性は集団の重要な要素

　各家庭で、個として我慢をすることを経験しない人間が集団を形成したときに、崩壊するのは当たり前だと思います。個が耐忍性を持って、集団を形成すれば、ある一つの行為をする場合でも我慢をする、耐えることができると思うのです。

　「体支持持続時間」の激減は、体力が落ちたとみる側面もあるでしょう。しかし、私は子どもたちに我慢する力（欲求不満耐性）が、身につきにくくなっている生活が蔓延している、とみるべきだと思います。

　幼児は筋力が未発達の年代で、リズム・バランス・タイミングというコーディネーションが発育・発達する年代なのに——むしろ、懸垂などと異なり筋支持的要素があるのに——、この種目だけが急激に落ちた理由は、子どもたちに精神的な意味での我慢する力（欲求不満耐性）が身についていないからだと思えるのです。

背中をみせる、教えるが大切

　我慢するということは勉強でもスポーツでも同じです。能書きではなく、一生懸命に練習しなかったらうまくなりません。知らないことは教わり、できないことは練習を重ね、できる人、大人の背中を見るという、三つの要素は学習・教育の三本柱です。知らないことを教えてもらう、そして何回も練習（トレーニングする、トライする）する、なおかつあんな人になりたいという同一化を育てる、この三つの要素をどう教育で培うかです。

　親が背中を見せず、社会も背中を見せず、練習をする我慢もなく、教えることを教えないで自発性だ、自らを大事にしましょう、子ども自身が中心なんですよ、支援・援助をしましょうよ、と何にも教えないでほったらかしておくような教育をしたら、人間はダメになると思います。

　確かに、「本人の自発性を大事にする」、これはまさにその通りです。でも、何も教えないで放っておいたら「狼少年」になってしまいます。ダメなものはダメ、これはしっかりやりなさい、これは食べなさい、ということをやらなかったら、みんな好き嫌いが多くなってしまいます。しかし一方では、嫌なことは嫌だと言える人間になりなさいという教育は大事なことです。だからといって、自己主張しかしない人間が集団になったら、社会を

形成していけません。

感化淘冶する部分を欠落させないように

　子どもの遊びは、自由な環境の中で、自分の好きな遊びをするというのが基本ではありますが、みんなで集まって「入れて」「じゃあ、ぼくもこれやってみようかな」という、これも一つの精神的な我慢というか——自己コントロールする能力を幼児の場合は難しいとしても——、それに踏み込んでいくようなことをしていかないと、体力以前の問題になるのではないでしょうか。

　あるベテランの園長さんが、「入園前の親の教育から始めないと間に合わない」「今日は入園前の保護者会、ここが勝負なのよ、入園までの半年で絶対にここまではやって下さいということを園長として言わないと、入園してからでは間に合いません」とおっしゃっていました。

　人間が人として成長・発達するためには、「学ぶ部分」と「訓練・練習する部分」と「感化淘冶する部分」の三つの要素が大切ですが、園長先生がおっしゃりたいことは、親（大人）が子どもにどう背中を見せるかという「感化淘冶する部分」が、欠落しているということだと思います。

太い幹を育てる

　一人っ子を育てたあるお母さんは、子どもにおやつのお菓子や果物をあげるときには意識して母親と半分にしたり、4分の1にして与えたそうです。

　一人っ子はわがままに育つと言われることを意識して、日々の生活の中でがまんの経験をできるだけ積み重ねる努力をされたとおっしゃるのです。

　薄紙を一枚一枚貼り重ねるようにして子どもに「がまん」を育てていかなければ、脳の幹は決して太く丈夫にはならないのです。

　脳幹が細い幹のままで成長し、加齢とともに増え続ける欲望という名の果実がたくさん実ってしまうと、その重さに耐え切れなくてポキリと折れてしまうのです。

今の若者がすぐキレルという現象はこのことを指すのではないかと考えられます。
　ただし、子どもががまんをするためには、その前提条件としてその子が親や指導者に絶対的に「愛されている」という裏づけは欠かせないことです。安心と安全のないところに安定したこころは育ちにくいのです。
　小・中学校の新しい学習指導要領では、体育科改訂の要点の一つとして「心と体を一体としてとらえる」ことがあらためて強調されています。こころとからだのバランスがとれなくては、げんきなからだづくりはできないのです。すなわち、からだづくりの基礎はこころづくりからともいえるのです。

教育における不易

　教育における「教える」「訓練（練習）する」「感化・陶冶する」という三つの要素は不易のものだと考えています。
　中でもからだづくりにおいて、この「感化・陶冶する」要素、言い換えると「後姿を見て学ぶ」ことは、「学ぶ」という言葉が「真似ぶ」からきたといわれるだけに、大人が子どもを教え育てる上でとても大切なことの一つとして忘れてはいけない要素だと思うのです。

集団行動の基礎作り

　東京都内の公立小学校長と併設幼稚園の園長を兼任しておられた方が、定年退職後に私立幼稚園の園長になられました。
　その園長さんが「いやー、前の園の子どもたちと比較すると、どうも今回の園では入園した年少さんが園庭できちんと並べるようになるのに随分時間が掛かるような気がして、どうしてかなと思い、いろいろ考えてみたんだよ。先生方はきちんと、むしろきめ細かくよく指導していると思うんだが」とおっしゃっていました。
　その園長は、その後前任の幼稚園を訪ねてみて、「なるほどそうか」と思い当たったそうです。
　前年までお勤めになられた小学校との併設幼稚園は、園庭のすぐ隣に小学校の校庭が続

運動会の練習（小学校低学年）

いていて、幼児は常に小学生のお兄ちゃんやお姉ちゃんの様子を見ながら遊んでいたことに気がつかれたのだそうです。

　小学校の運動会が近づくと毎日のように入退場や集団演技の練習が繰り返されていて、園児も遊びの中に「運動会の真似っこあそび」が見られたほどだったのです。

子どもの集団行動

　保育園や幼稚園、小学校や中学校は集団で行う教育機関です。従って、発達に応じた集団としての行動様式を少しずつ身につけることが求められてきます。

　集団行動とは、安全で能率的で結果として美しいものです。

　子どもたちは、保育園や幼稚園で集団としての行動様式とはじめて出会い、少しずつ身に付けていきます。

　年長児と年少児との合同遠足などが行われたあと、年少児の行動が大きく変化するように、集団行動の基礎も「見て学ぶ」ことによって、指導を上回る教育効果があったのかもしれません。

伝わる子育ての技

　孫に女の子が生まれて6ヵ月、這うようになったと娘からの電話でおばあちゃんは孫に会いに、田舎からやってきました。

　そのおばあちゃんは、孫を一目見た時にどうも這い方がおかしいことに気付かれました。左右の足の動きがなんとなくぎこちないと感じたのです。

　母親である娘にそのことを話すと「這い始めなのだから大丈夫よ」と言うのですが、念のために定期健診のときに小児科のお医者さんに相談して診てもらいました。

　その結果、股関節が少しずれていることがわかったのです。乳幼児の股関節は坐骨と大腿骨とが未完成で発育とともに関節ができあがっていくのだそうです。

　その日から母親はおしめを交換するたびに保健婦さんの指導に従い、根気よく足を曲げたり伸ばしたりしながら股関節の運動を繰り返し続けました。

　数ヵ月後に小児科医に診てもらったところ、幼児の股関節は正常に発育していたのでほっとしたとのことです。

　その後、その孫娘は小学生時代はリレーの選手として走り、中学生時代には地区の学年別水泳大会の平泳ぎで優勝するほど元気な子どもに育ったのです。

　さて、その娘が長じて結婚し男児を出産し9ヵ月目に入った時、つかまり立ちをする姿を見た祖母（娘の母親）がどうも左足の動きに不自然さを感じたのです。

　わが娘の股関節の異常を自分の母親である祖母から指摘され、根気よく治したことが脳裏をよぎり、孫の動きのぎこちなさに気が付いたのかもしれません。

　早速、その娘は小児科医の検診を受け、立つまでに股関節をしっかり作らねばと毎日わが子の足を曲げたり伸ばしたりして股関節の運動を繰り返しているとのことです。

　わが子が立ち、歩き始めてからはじめて異常に気付くよりも、早期に発見し適切な治療行為が行われるとしたら幸いです。

　田仕事をしながら授乳していた母親が、眼にゴミが入った乳児の眼に直接母乳を射す姿を目撃したり、夏に「あせも」ができた孫に桃の葉を摘んできて風呂に入れ、見事に「あせも」を消した祖母の姿を見て育った田舎育ちの筆者です。

　母が子に、子が孫に伝える子育ての技、保育園や幼稚園の先生が多くの子どもを教え育てる中で得た技を、悩みながらわが子を必死に育てている若き母親に伝えていくことも大切なことだと思うのです。

■立つ前に股関節をしっかりつくる(生後9カ月の男児)

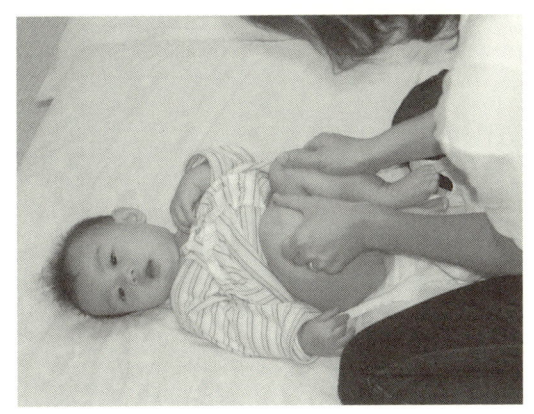

①おしめをはずし両足を閉じてよく曲げる

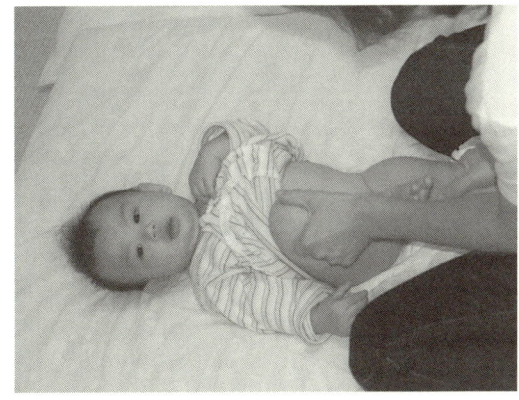

②片足ずつ交互に曲げる

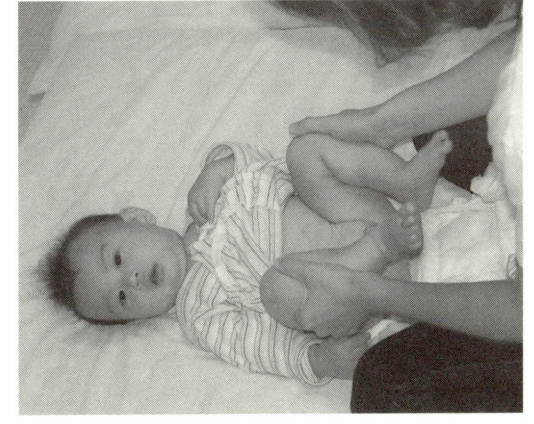

③両足をひらいて曲げる

④両足をよく伸ばす

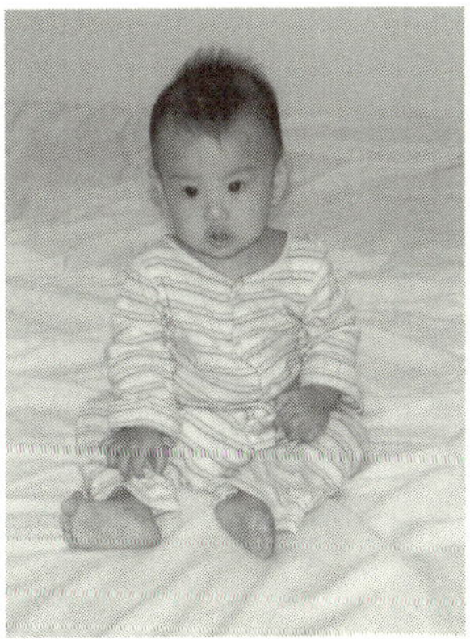

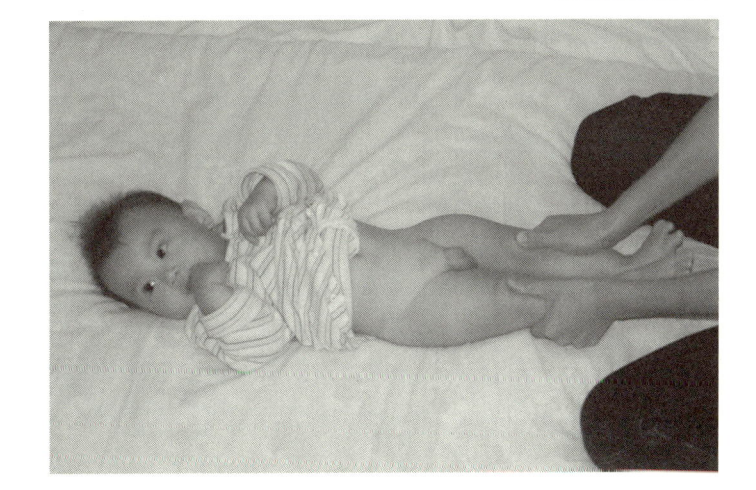

教育とは、次代に生きる人間を教え育てることによって次代を創造する人間として最も基本的な営みなのです。

立派な上級生

　台風が吹き荒れる日の朝、バス停で見かけた光景です。見慣れた制服を着た小学1年生の女の子が、黄色い交通安全のカバーをかけたランドセルを背負って、横なぐりの雨に必死に傘をさしながら母親と一緒にバスを待っていました。
　ようやくバスが来たのですが、傘をたたみバスに乗ろうとする1年生の手はびしょ濡れでなかなかバスの共通回数券カードが出せないのです。
　すると、中に乗っていた4年生くらいの同じ制服を着た小学生の男の子が、バスの乗り口まで迎えにきて「いいよ、早く乗りな、僕の回数券通しておくから」と1年生の手を引いてバスに乗せているのです。
　母親はほっとしたように次に乗る私に道をあけてくれました。
　あの1年生が上級生になった時、きっと彼女も下級生に同じことをするに違いないと思った一瞬でした。健康なからだと同じように子どものこころも健やかに育てたいものです。

幼稚園の運動会

　幼稚園や保育園の運動会ほど、観ていてとても微笑ましく、楽しいものはありません。観客である大人は、わが子やわが孫がようやく人間として歩く・走る・跳ぶといったひととおりの運動機能が整うまでに成長し、他の幼児とともに、真剣に走ったり踊ったりする姿を見て思わず微笑み、大声で応援したくなるのでしょう。
　教育が次代に生きる人間を教え育てることによって、次代を創造する人間としての最も基本的な営みだとすれば、次走者であるわが子がようやく人間として走れるように育ち、バトンを渡せるまでに成長したことに無上の喜びを感じるからかもしれません。
　田舎で育った筆者は、早生柿がようやく甘くなるころに催される秋の運動会は、村をあげての楽しいお祭り的行事でした。

少年団・青年団・婦人会が総出で競いあった地域対抗のリレーなど血湧き肉踊るものでした。

その行事を通じ、村人の連帯感が更に強くなり、地域の教育力が高まって、村の子どもとしてみんなで子育てをしてくれたのだと感謝とともに思い出されるのです。

そんな意味でも、幼稚園や保育園の運動会が、かっての運動会の良さを多分に残している貴重な行事としてこれからも大切にしていきたいものです。

そこで、幼児の発達課題と適時性を考慮した運動会種目についていくつかの提言をしてみます。

◎「かけっこ」

運動会の定番種目はなんといっても「かけっこ」です。「徒競走」、「短距離走」、「20m走」などとも呼ばれます。

両足が同時に地面から離れる瞬間がある「走る」という人間の運動機能を競う種目は、単純な競争的運動特性をもつものですが、では幼児はラインを引いてあげれば「直線」に走れるのでしょうか。

最初の本当の走りができるのは2〜3歳で、スピードが増した成熟した走りができるのは5歳です。

直線走路に幅1メートルのコースを設け、4歳児を走らせてみるとほとんどの幼児は左

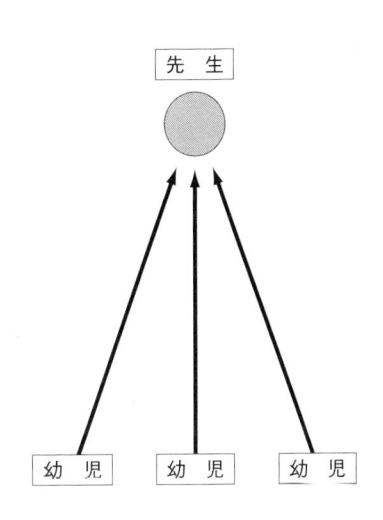

右に蛇行し、なかなか真直ぐには走れません。しかし、担任の先生に向かって走ったり、お母さんを目指して走らせると、ほぼ直線に近い軌跡を描いて走れます。

　また、先生やお母さんの代わりにそれぞれの色の旗を立て、それを目指して走らせてみると、直線に近い走りができるのです。

　是非、保育園や幼稚園の運動会では自分のお父さんやお母さんを目指して走ったり、それぞれの色の旗を目指して走る発達課題に則した「かけっこ」にしてほしいと思っています。

◎「リレー」

　幼児のリレーも大人たちにとっては観ていて楽しく、微笑ましいものです。

　しかし、小学校「体育」低学年の例示教材としての「リレー」は「折り返しリレー遊び」と

幼稚園：4歳児のかけっこ

よく練習された5歳児の「周回リレー」

ゴールした幼児が先生の手を求めて

■発達に適したリレーの種類

直線での「折り返しリレー」

楽しい「お迎え競争」

「小型ハードルなどを用いてのリレー遊び」となっています。

　いわゆるトラックを使って行う周回リレーは幼児にとってはやや難しく、むしろ体がぶつかり合うという危険な要素を含んでいます。

　何回も練習し、要領を覚えさせればできないことはないのですが、サッカー遊びなどと似て、身体接触の伴う運動ができるまでにはまだ発達していないのです。

　保育園や幼稚園でのリレーは、むしろ直線を折り返すリレーや二つの台の上に置いたお手玉を右から左に置き換えてからターンする「置き換えリレー」などが、幼児の運動発達から考えて無理のない種目です。

　理想の子育て法など存在しないように、その子どもに合った保育カリキュラムが一番なのですが、要は幼児の発育発達と適時性を考えた保育でありたいものです。

第3章
乳児期のからだづくり

第3章
乳児期のからだづくり

ジッと見守り、数多く体験させよう

　「這えば立て、立てば歩めの親心」といいます。乳児が4カ月を過ぎ寝返りをはじめたら、6カ月を過ぎ這い始めたら、そして9カ月を過ぎてつかまり立ちを始めたら、十分寝返りをうたせ、這わせ、つかまり立ちを数多く体験させてあげたいものです。

　そして、幼児の4歳半ころに芽生える数々の発育・発達課題を見逃さない賢い保護者や保育者でありたいものです。

思いっきり這い這いさせよう

小学校体育の「基本の運動」

　小学校低学年（1、2年）の「体育」の内容は、昭和43年版の学習指導要領までは「体操」「器械運動」「陸上運動」「水泳」「ボール運動」「ダンス」の六領域となっていました。

　その10年後、昭和53年（1978）の学習指導要領改訂で、低学年は六領域から大きく「基本の運動」と「ゲーム」の二つの領域で構成されて、現在に至っています。

　ではなぜ、小学校低学年の体育の内容がそれまでの六領域から二領域となり、あまり聞きなれない「基本の運動」という領域が導入されたのでしょうか。

　その改訂に直接関わった当時の文部省体育局体育官・高田典衛先生から直接伺ったお話です。高田先生は、東京教育大学を卒業されて東京教育大学附属小学校（現筑波大学附属小学校）の教師として小学生の指導にあたられました。

　年々児童のからだの様子や、動きが変化していることに気がつかれ、ある日1年生の机を教室の真ん中に集めその周りで「這い這い」のリレーをさせてみたのだそうです。ところが、まともに這えない児童が数多くみられたのです。

　その児童の生育暦を詳しく調べてみると、乳・幼児が這い始めのころ、充分這わせることなく歩行器の中に座らせたりして育てていたことがわかったのです。

人間として基本的な動きの大切さ

　それは、這い這いだけではなく、転がる・跳び上がる・ケンケンをする・なわとびを跳ぶ・物を投げたり捕ったりするといった、乳幼児期から自然に積み上げて経験させなければならない人間としての発育・発達課題を経験不足のまま発育させてしまったのではないかと考えられるのです。

　小学校の教師として、児童の実態を長年観察されてこられた高田先生は、文部省に入られて、人間としての「基本的な運動経験」や「動き」をもう一度小学校の体育で確かめ、体験すべきだと考えられたのです。

　それが、「基本の運動」として小学校体育で、もう一度子どもの「動きづくり」としての「発育・発達課題」を見直す機会になったのです。

　今、学力低下や体力低下が問題になっていますが、教育行政として大切な視点がこのお話から伺えるような気がします。

　教育は、机上論だけではなく現実をしっかり見据えた実態からの出発が必要なのではないでしょうか。

　世界中の学齢期がほぼ6歳と定められているのは、人間としての基本的な心身の発達の基礎が一応揃うからなのでしょう。

　しかし、「学級崩壊」や「不登校」、「キレるこども」や「学力低下」など、学校教育の基盤が崩れそうになっている昨今の様子を憂う時、幼児の心身の健康づくりからもう一度考え直す必要がありそうです。

育ちの階段をしっかりと登ろう

　人間は、生まれてから1年近くも、自分では立ちあがることができない生き物です。そして、人間としての基本的な運動の芽をつかむまでに実に4年以上かかります。これは他の動物たちに比べると圧倒的な遅さで、しかし、それだけじっくりとからだを成長させているといえます。

　驚くことに、すべての乳幼児の発達において、ある一定の順次性と法則性が見つけられます。すべての子どもたちはそうした発達の階段を、自らが体を動かし、日々練習しなが

ら上がっていきます。

　子どもが座り、這い、立つまでは、すべて自分で繰り返し練習していきます。床との摩擦やバランスのズレなど、個々の動きにあわせておこる現象を体で覚え、それにあわせて新しい動きに挑戦していきます。一つ一つの経験が、バランス感覚や筋力を養い、次のステップに進めてくれるのです。

　こうした階段を一歩一歩確かめながら上がっていく行為を、十分に時間をかけて経験させてあげることが、「基本の運動」につながっていくのです。

　最近、寝返りの前にお座りする子ども、這い這いしないうちに立ってしまう子どもが増えています。そうした子どもたちに共通するのが、0～1歳の時に、本来なら経験するはずの運動のプロセスを奪われてしまっていることです。四六時中ラックに固定され、寝返りや転がりを経験できない子どもがいます。自分でおすわりができない時から、椅子に座らされたり、おすわりのクセをつけられたりする子どもがいます。また、手の届く範囲におもちゃがあふれているために、自分でつかみにいく、自分で見にいく、自分で向きを変える機会を失っている子どもがいます。

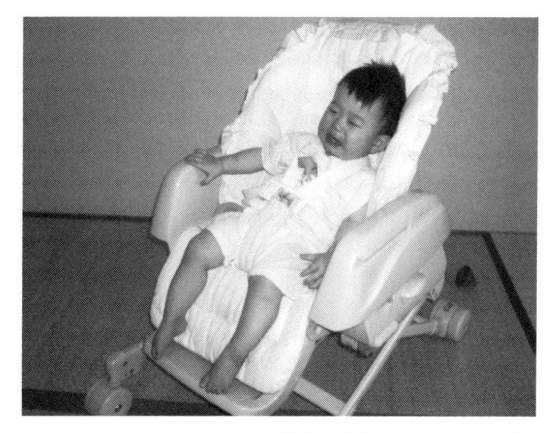

動きの体験を奪うラックへの固定

　生まれてから、1年近くかけて立ち上がるまでに、様々な運動の要素が子どもの発達のなかにはあります。それらの内容・順番は、後の「走る」「歩く」といった運動につながるためにはとても大切な経験なのです。

　大人が何かを教えなくても、十分な空間と動く意欲があれば、子どもは多くの失敗と偶然を重ねながら、一つ一つ体得していくのです。

乳児の体の発達と運動

　この章では、生まれてから一人で歩くようになるまでの、基本的な全身運動の流れを紹介します。順次性、法則性をおおまかにつかんでいただければと思い、参考として『うたと積木とおはなしと－遊びと発達』（渡邊葉子）より一部引用させていただきながら、以下にまとめました。

首すわり以前の頃（1～2カ月頃）

◎仰向けで屈曲姿勢。
◎仰向けで寝た姿勢が左右非対称。
◎近くで話しかけられると、じっと見たり追視したりします。口を開けたり閉じたりと、大人の口の動きに同調し真似をします。

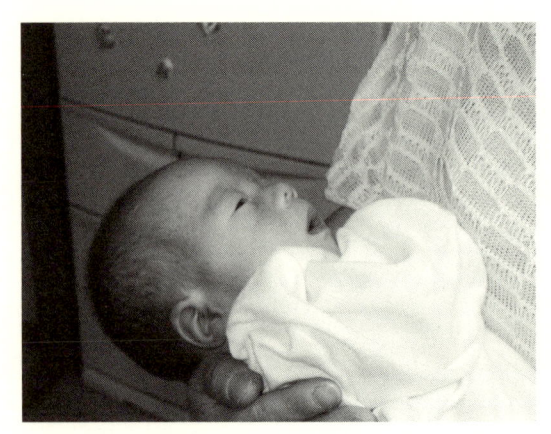

信頼する大人の表情をじっと見つめる

◎うつ伏せにすると頭を上げることができます。機嫌のよいときはうつ伏せにするなどして、背筋、首の筋肉を使うように促し、様子を見て仰向けに戻すようにしましょう。
◎手は、親指を中に入れて強く握っている状態。時折、わずかに開いた手に遊具などを触れさせると握ってきます。これは、新生児の運動の特徴ともいわれる原始反射のうちのひとつである把握反射と呼ばれるもので、手や足の裏などを刺激すると、触れたものを握ろうとすることです。この握りは、発達とともに徐々にゆるくなり、2ヵ月頃には、

親指が外に出ることが多くなります。

首すわりの頃(3〜4カ月頃)

◎首がすわると、腕を支え上体を引き起こしたとき、頭が後方へ下がらず、あごを胸に引き寄せようとします。

◎うつ伏せでは、両肘支持が可能となり、顔をしっかりと上げることができるようになります。

◎仰向けでは、両足を上げます(重心の頭側移動)。

◎水平追視の範囲も180度まで可能になり、縦方向の追視もするようになります。

◎うつ伏せでは、片方の肘でからだを支え、もう一方の手でものを取ろうとするようになります。

  ・右上肢と左上肢の機能分化
  ・手の支持機能と把握機能分化

◎仰向けでは、手足を上げて遊ぶようになり、物を四肢ではさんだり、その姿勢でからだを揺らすようにしたりもします。

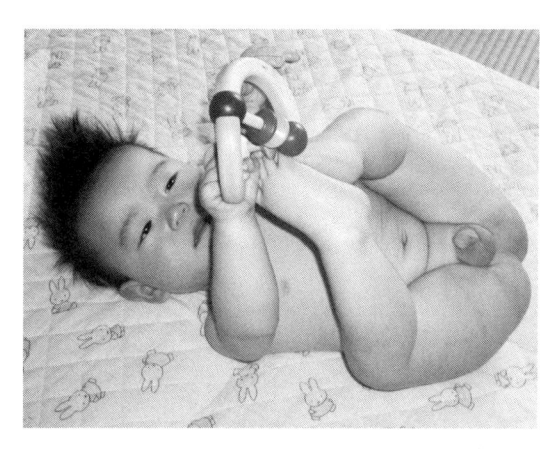

四肢で遊ぶ

◎仰向けで、身体の正中線上で両手をからませて遊ぶようになります。「目と手の協応」の始まりです。これは、自分自身の身体を知り、自分と周りの世界を分化させていく始まりであり、見たものを手でつかむ準備ともいわれます。

◎手の把握反射が弱まり始めます。今までしっかりと握りしめられていた掌は、周りの世界を知るために開かれます。"手は外に出た脳"ともいわれますが、首のすわりとあいまって脳の発達が進んでいることを表します。

◎掌に置かれたものを握るようになったり、自分の手を見つめたり、手に何かが触れるとその手を見たり、手に触れたものを手を開いてつかんだりするようになります。

◎手を握りしゃぶったり、握ったものを口に運び、なめたり、しゃぶったりしながら、自分の手指やそのものを口で確かめます。「手と口の協応」の始まりです。

寝返りの頃(5～6カ月頃)

◎「寝返り」は、仰向けからうつ伏せへの(またはその逆の)姿勢変換で、初めて獲得する自らの移動運動です。〈仰向け←→うつ伏せ〉

仰向けからうつ伏せに

◎仰向けで足をつかんだり(平衡感覚を育てる)、足で空間を蹴るようにして腰をひねり、寝返ろうとしたりします。

◎寝返りは、腹筋・背筋を育て、両腕の緊張もとれていきます。

◎寝返りの連続による移動も見られるようになります。

◎左右からの語りかけやうたいかけ、動く遊具や音の出る遊具で体の移動を誘い、左右両側への寝返りを促しましょう。

◎手の把握反射は消え、ものをしっかりと握れるようになってきます。ものを見つめ、手

寝返りを続けて移動する

を伸ばし捕らえ、握り、振り、音を聞き、口に運びしゃぶるという目と手、手と口の協応動作がさかんになります。

◎手の動きとしては、親指以外の4本指が未分化で、親指と他の4本指でものをつかむという掌中心の握り方が特徴です。

◎遊具、遊びは、掌から指先への感覚分化の第一歩として、掌を開き指を伸ばす動きを誘うということをねらいます。

◎仰向けでは、軽いざるや天井から吊るした大きなビーチボールなど、手に余る大きさや形のものが、手を広げ指を伸ばす動きを誘います。

◎うつ伏せになると、腕で上体を上げ、背中をそらします。

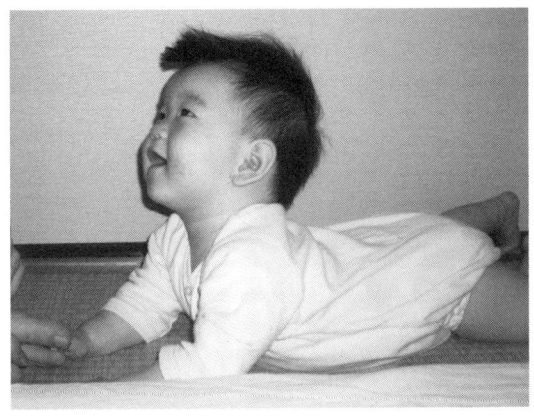

上体を上げて、背中をそらせる

◎手足を床から浮かせ、からだをそらせ泳ぐような姿勢をとります(グライダーポーズ)。

手足を床から浮かせ、泳がせる—グライダーポーズ

ピポットターンで移動を身につける

脚下のおもちゃに気づき…

体をまわして…

つかむ！

◎うつ伏せでは、胸を突っ張り、身体を起こし片腕で身体を支え、もう片方でものに触れようと手を伸ばしたり、ものをかき集め(寄せ)ようとする動きを促します。
◎ピポットターンとは、お腹を軸にして手足で円を描くように動く回転運動です。足で床を蹴り、腕を肩まで引き寄せ、上体を押し上げ移動します。重心の移行をしながら繰り返しの移動を身につけていきます。
◎遊具を足(膝)の近くに置くと、伸ばした手に重心を移行し、反対の手を引き寄せながら移動します。遊具を置いて呼びかけたり、ことばで誘ったりしましょう。
◎いろいろなものに触る、なめる、つかむ、引っぱる、いじるなど、少しずつ様子の異なるものに接することにより、知覚神経が刺激され、ものにフィットして手の動きをつくり出そうと、脳細胞が活動します。
◎仰向け・うつ伏せともに、遊具に工夫をこらし、いろいろなものに触れる機会を与えてあげましょう。

這い這いの頃(7〜8カ月頃)

◎前進運動の始まりです。片手で支え手を伸ばす。足の親指で突っ張り、上半身を押し上げて片手を伸ばし、物に触れようとします。ここでの足の親指の突っ張りが大切で、這い這いへとつながっていきます。それが弱い場合は、足元に抵抗物を設置したり、大人が子どもの足の裏に掌を当てるなどし、この突っ張りを促しましょう。

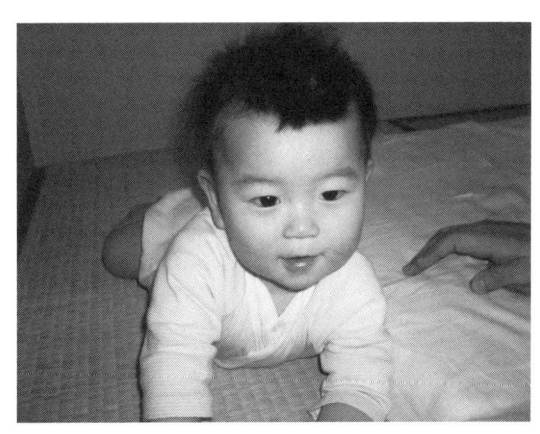

前進運動のはじまり

◎うつ伏せ姿勢で、起こした上体を腕で支えていたのが、指を開き、掌と腕で支持するようになり、足の親指の突っ張りでの上半身の押し上げも加わります。足の親指で床を蹴り、片腕を前方へと伸ばし、広げた掌で床を捕らえる動きの反復〜前進運動〜が始まります。指先にまで力を入れることから、手指の感覚分化が進みつつあることがうかがえます。

手を前に出し、足を引き寄せる

◎「這い這い」は、手を前に出し、足を引き寄せ、体幹の回施運動を組み合わせて前進する運動です。
◎片側の腕で交互にからだを支えて、からだのひねりと脚の引き寄せ、足指の蹴りで前進していきます。
◎這い這いは、腹筋・背筋力・平衡感覚を育てるとても大切な運動です。たくさん這い這

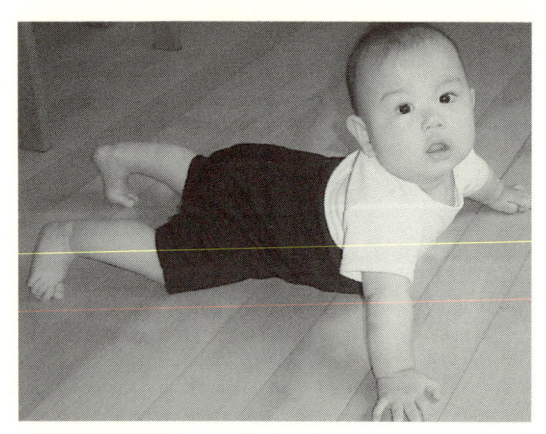

体を浮かせる動き

いした子どもは歩行も安定していて、転びにくくなるのです。
◎腹這いから両手両膝で踏ん張り、腰から背中を浮かせた姿勢で、体を揺する姿が見られたら、這い這いも間近です。好きな遊具や転がる遊具で前進を誘ってあげましょう。また、何かにつかまったり腹部をのせたりして上体を揺する動きを促すことも這い這いへの導入になります。
◎這い這いの頃の、転がる遊具は、全身運動にも各部位の運動にも有効にはたらきかけます。繰り返し遊ぶこと、〈静止→転がすと移動→ある程度転がると静止〉〈全面転がる面からなるボールと、転がる面と転がらない面とでなるものとがある〉など、ものの性質に気づき、知り得、ものに適応していくという「知的発達」をも促します。
◎這い這いは、全身の運動機能を高めるだけでなく、掌の皮膚感覚にもはたらきかけます。這うときに体重のかかる掌が、這う面によって異なる感触を得るからです。堅めなものと柔らかめなものとでは掌や指先での捕らえ方が異なります。平衡感覚を育てるためにも皮膚感覚を高めるためにも、安全面を十分に留意した上でのいろいろな環境設定をしてあげるとよいでしょう。

おすわりの頃(9カ月頃)

◎「おすわり」は、背筋・腹筋を使って自分で座ることを指します。這い這いまでの運動機能発達の過程で育った筋力や平衡感覚が、安定したおすわりを促すのです。早いうち

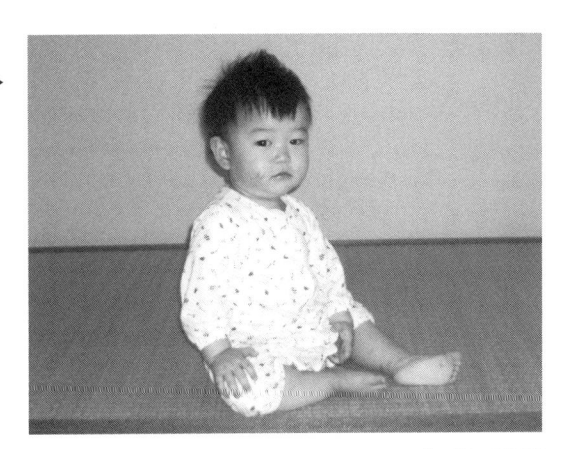

体の縦への展開

から大人が座らせることは、この発達の順次性を飛び越すことになり、腕や足の弱さへもつながります。

自由になった手で遊ぶ

◎パラシュート反応とは、座位でいる時、急に横・前後から力が加わった時、倒れるのを防ぐために腕を伸ばして支える姿勢保持運動のひとつです。
◎支えなしでおすわりができるようになる（手が身体の支持から開放される）ことで、両手腕の動きが自由になるため、両手での操作がさかんになります。掌が開き指も伸びるようになった手が、操作機能を持つ手としてのさらなる技能発達をしていくのです。
◎親指以外の4本指から人さし指が分化し始め、親指と人さし指でつまむという動きが見られるようになります。つまむ、引っ張る、出すなどの探索行動が見られるようになり、容れ物（目的位置）に入れるなど目と手の協応動作が高まり始めます。
◎対象物に合った手指の動きも見られるようになってきます。
◎脳の発達から、左手をよく使う時期が10カ月頃と1歳半頃の2回あるといわれます。この時期、即座に左利きと判断せず、両方の手を使う遊びと道具を提供していきましょう。
◎ペットボトルなどに、適量の水と花はじきやビーズを入れます。透明なので、中味の動きを見やすくしてくれます。こうした重いものの操作も腕や手首や掌（握る）の力を高める大切な要素となります。

つかまり立ち－上への展開

上に向かう意欲

手をかけて…

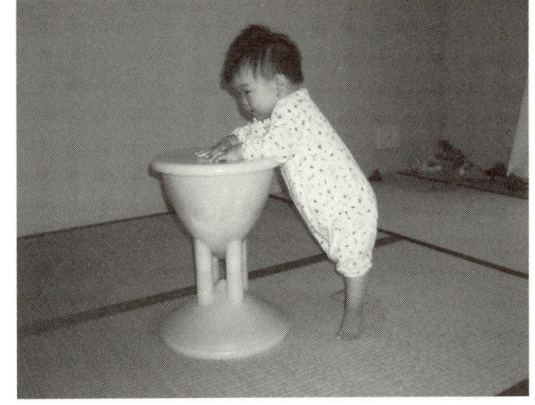

しっかりとつかまって立ち上がる

つかまり立ちの頃（10カ月頃）

◎つかまり立ちをして、体を上下に揺すり、膝を屈伸します。つかまり立ちは、高さの認知を促し、腹筋・背筋を育て、肘と肩の力を抜いて、手首を動かすようになることを促します。

◎つかまり立ちをしていても自分から座れず手を離して転倒することもある時期は、自分

壁をつたって移動する

で膝を着くかお尻を着いて座れるようになるまでは、疲れた頃を見はからい、「おすわりしようね」などのことばがけをして元の姿勢に戻してあげましょう。

つたい歩きの頃(11カ月頃)

◎壁や棚などをつたい、片側に交互に重心を移し進みます。適度な位置に遊具を置いたりことばをかけたりしてつたい歩きを促しましょう。目的地点に到達したときには、ことばや表情で喜びを共感しましょう。

◎下を向いていた手が上向きになり(関節〜肩・肘・手首〜の動きにより、手首の返しが可能となる)、遊具の持ち方や動かし方がより微細なものへと広がっていきます。

◎高這い(足裏と手で移動)の姿も見られるようになります。頭をしっかりと持ち上げ、まっすぐ前を見据え前進している様子から、首の筋肉、背筋が育っていることがうかがえます。

◎高い所に手(背)を伸ばす動きも促しましょう。全身の平衡感覚と空間知覚を高めます。

ひとり立ちからひとり歩きの頃（12カ月頃〜）

◎つたい歩きでのつかまり方や身体の委ね方が徐々にゆるくなり、少しずつ手を離す方向へと向かっていきます。
◎この頃に見られるハイガードポジションとは、ひとり立ちや歩き始めの頃に見られる姿勢で、両膝が少し開き、肘は曲がり両腕を上げ、足を開いて腰を落とすというのが特徴です。倒れた時、手が出る防御姿勢です。
◎ひとり歩きになると、脚全体が伸び、体のひねりも加わり、片側の足に重心を移して移動し、足の爪先が正面を向くようになって歩行していきます。
◎大人が歩くことを助ける時のポイントは、子どもに大人の人さし指と中指を握らせ、子どもの肘が肩より上がらないように、大人は前屈姿勢で合わせることです。大人の無理な引き上げではなく、子ども自身の力で進むように促しましょう。
◎歩行には、前向きと後向きがありますが、後向き歩きは、自分の後方空間認知を要すると同時に、より高い平衡感覚を促していきます。大人は、安全性を留意した環境設定をするとともに、子どもの行為を見守りながらタイミング・内容ともに適切なことばがけをしましょう。

しゃがむ（15カ月頃）

◎膝を曲げ、足裏・背筋で上体を支えられるようになります。立ったりしゃがんだりして姿勢を変えて遊ぶことで、空間知覚や平衡感覚が育ちます。壁面遊具を使った遊びもこの動きを促します。また、それらの設置位置によっても動きへのはたらきかけ方が変わるので、発達に合わせて工夫するとよいでしょう。

第4章
幼児期のからだづくり

第4章
幼児期のからだづくり

幼児の運動を生むもの

幼児の運動が生み出される要因についてみていきましょう。

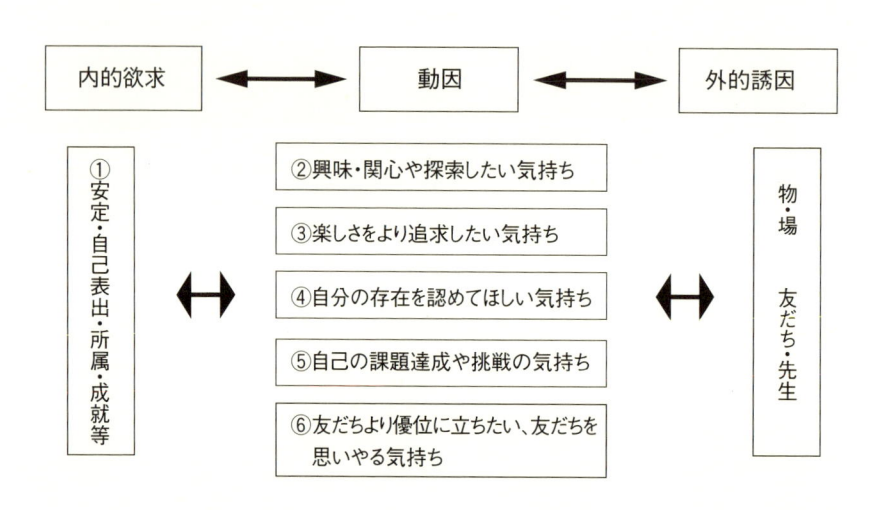

幼児の遊びにおいて、運動が生み出される要因を分析すると、その内的動因としての意識等は、大きく六つに分類されます。

■幼児の運動が生み出される要因

```
内的欲求  ←→  動因  ←→  外的誘因
```

- ①安定・自己表出・所属・成就等
- ②興味・関心や探索したい気持ち
- ③楽しさをより追求したい気持ち
- ④自分の存在を認めてほしい気持ち
- ⑤自己の課題達成や挑戦の気持ち
- ⑥友だちより優位に立ちたい、友だちを思いやる気持ち
- 物・場 友だち・先生

出典:「幼稚園における幼児の遊びと運動の発達に関する研究」東京都立教育研究所・幼児教育研究部幼児発達研究室、1993年、60頁

①幼児としての基本的欲求

　幼児は心身の安定を求めたり、自己を表現したい、自己を発揮したい、友たちと同じ動きをしたい、友だちと関わって遊びたい、集団の一員でいたいといった基本的な欲求から運動欲求が生み出されてきます。

②興味・関心から

　幼児を取り巻く遊具としての物や教室や園庭といった場、友だちや先生といった存在に対する興味や関心から運動が生み出されます。また、それらの物や場を探索したい気持ちが運動へと駆り立てることがあります。

③楽しさを追求する

　自分自身が○○マンなどになったつもりで、活発に活動したり、イメージしたものに見立る面白さ、楽しい雰囲気を一層味わいたい気持ち、運動や遊びそのものを十分堪能したいなど、楽しさそのものを追及することから幼児の運動が生み出されてきます。

④承認を求めるために

　「見て、見て！」と幼児は求めます。先生や友だちに自分のできることを見てほしいといった承認欲求からも運動が生み出されてきます。特に、幼児は見られたい、褒められたい、認められたいといった欲求は強く、この承認欲求が満たされることで情緒が安定するものです。

⑤課題達成意識や挑戦から

　平均台を並べて橋を作ろう、ダンボールで陣地を作ろうといった目的意識や課題達成意識からも運動が生み出されます。

　また、マットの上でグルグルと回りたい、鉄棒で上手に「逆上がり」や「前回り」ができるようになりたいといった挑戦しようとする気持ちが運動へと幼児を駆り立てることにもなります。

⑥優越感や気遣いから

　自分が友だちより優位にたって遊びを進めようとする意識や、友だちより自分の方が上手くできるという優越感から、さらに、仲間の友だちを気遣う気持ちからも運動が生み出されてきます。

　このように、子どもの運動は基本的な欲求を基盤にし、幼児の運動への取組みへの意識である内的欲求と、それに直接刺激を与える外的刺激である外的誘引との相互作用によって運動が促され、運動の質的な変化を遂げていくものと考えられています。

　それだけに、保育園や幼稚園では環境としての物や場、友だちや先生などを指導者がどう作り上げていくかが子どものからだづくりに大切なこととなります。

　筆者は、幼児の運動遊び等を通じて、将来幼児教育に携わる教師養成の講座を大学において担当していますが、最近、いろいろな「遊び」を経験してこなかった何割かの学生に必ず出会います。

　「子どもと遊ぶといっても、何をしていいかわからない教師予備軍」に、理論もさることながら多様な遊びの楽しさを体験させたいと思っています。

からだづくりのための要件

　からだづくりのために、幼稚園や保育園、そして家庭ではどうするかを考えてみたいと思います。

①充実感・活動欲求を満たす条件整備

　自分の子どもを育てることでしか実体験として申し上げられないのですが、子どもを育てる時代、小学校に入る前、畑を作っていました。その畑でつかまえたアゲハチョウの幼虫を家で観察していました。ある日、幼虫がサナギになって羽化をするというその日の朝、女房が「早くご飯を食べなさい、何やってるの！」とせき立てました。しかし、私は「ちょっと待て！」と。幼稚園に遅れようが、朝飯が遅れようが、そんなことは問題ではない、羽化するまで「待て」と言いました。息子は羽化して濡れた羽がゆさゆさとして飛び立つ

までの相当な時間、ジーッと見ていました。

そういう環境を大人が作ってあげることだと思います。本当に「待つ」ということはそういうことだと思います。

よく、「待ちなさい」とか「子どもと同化しなさい」と言いますが、本当の「待つ」ということは、子どもが心を弾ませて、夢中になって遊べる空間――今の例は静の部分ですが――、そういう部分をどうやって作ってあげるかが、幼稚園・保育園・家庭でも大事なことです。汗びちょびちょになって、泥んこになって夢中で遊べる空間をどうやって作ってあげるかです。

②イメージを広げる環境設定

例えば、教室があって、前には廊下がある、園庭につながるアプローチがある。その園舎から園庭につながるイメージをどう関連づけてあげるかだと思います。

品川のある幼稚園では、そういう流れ（動線）を作っていました。屋内でのイメージを、戸外でもそのまま引き継いでいけるような環境設定が大事だと思います。それはもちろん、空間や遊具の構成や、あるいは運動遊びの楽しさを味あわせるような、条件整備をしていくことが前提としてあるのですが、「こうやりなさい」とか「ああやりなさい」ではなくて、子どもが発見したり試したりできるような、子ども自身が自ら自然発生的に「○○してみたい」と思えるような、そういう自然環境の配置だと思います。

③子どもの発達や興味に則したもの

幼稚園の朝。園児がそれぞれお母さんや時にはお父さんと手をつないで嬉しそうに登園して来ます。正門で迎える笑顔の園長さんに「おはようございます」とあいさつすると、下足箱に向かって駆け出しカバンを置くやいなやすぐ園庭に飛び出して来ます。

年長組の先生が近所の商店街から譲り受けたビニールの「ぶどうの房」が登り棒やジャングルジムのてっぺんで揺れています。

登園した園児は、次々とおいしそうな「ぶどうの房」を目指して登り棒によじ登り、手でそっと触って得意げににっこりと微笑んでいます。目標を作ってやれば、頑張れ頑張れではなくて、どう頑張ればいいのか、どこまで頑張ればいいのかが子どもにも分かるのだと思います。

よく観察すると、登り棒の登り方にもいろいろあることがわかります。両手で棒を握っ

■いろいろな登り方

足の土踏まずで固定すると
すいすい登れるようになる

足の裏で固定して登る

膝と足の甲とで固定して登る

ていますが、足の支え方が様々なのです。

　両足の土踏まずでしっかりと登り棒を固定して上体を押し上げる幼児。膝ではさみつけるように固定しようとがんばっていますが、滑るのでなかなか登れない幼児。足の甲と膝ではさもうとしますが、これも滑ってうまく登れない幼児。中には腰を引いて足の裏でおサルさんのように登ろうとしている幼児もいます。

　この時、教室から園庭に出てこられた一人の先生が、なかなか登れない幼児の靴を脱がせ、足を下から支えながら土踏まずを登り棒に固定してあげています。すると、どの幼児もみるみる登れるようになっていくのです。

　園庭の片隅でそっと観察していた筆者はその先生の専門職としての支援の巧みさに感心して見とれていました。

教師の専門性とは

　卵から雛がかえる瞬間、卵の中から雛がくちばしで殻の内側から突付き、親鳥が殻の外

側から同じ場所を突付く瞬間が同時だといわれ、そのことを啐啄同時(そったくどうじ)といいます。

　教師が専門職と言われる所以は、子どもの発育・発達の状況を的確に捉え、機を逃さず適切に指導・支援ができるプロとしての知識や技能を有しているからです。

　言い換えると、教師は専門職として指導内容を熟知し、ねらいに応じた教材教具を準備し、指導方法に優れ、幼児・児童理解ができていることが求められるのです。

　その観点からみると、この幼稚園の教師は登り棒の頂点に「ぶどう」という目標物(めあて・教材)を据え、多様な登り方をする幼児の実態を観察(幼児理解)し、時機を逃さず捉え、効率的な登り方を指導・援助している優れた教師なのです。

　よく無責任な教育評論家が「子どもにはもともと生きる力が備わっているのだからじっとがまんして見守っていれば、子どもは自然にできるようになる」などとまことしやかに評論しますが、それは教育に名を借りた放任でしかなく指導とはいえないのではないでし

大人と手をつないで平均台の上を歩く

　1クラス30名程度の4歳児に平均台の上を歩かせると、中には怖がってなかなかバランスよく歩けない幼児が2～3名程度みられることがあります。その時には、大人が手をつないであげて一度一緒に歩いてあげることによって、2度目からは一人で歩けるようになるものです。
　乳幼児期のつかまり立ちをはじめる頃に、大人がどのように歩行について援助すればよいかは第3章で述べました。大人が、何時、どんな時にどのように幼児を支援・援助すればよいのかを知ることは、専門性を有しているかどうかということです。

■「移動系能力」「平衡系能力」「操作系能力」の出現時期

ガラフューの研究による、「移動系能力」「平衡系能力」「操作系能力」の出現時期を紹介したものである。いずれの運動も、1歳半〜2歳ごろまでの初歩的運動の段階を基礎に、幼児期に飛躍的に進歩し、6〜7歳ごろに完成した形態にいたっている。

移動系能力の出現時期

歩く	直立して、補助なしでの、最初のよちよち歩き	13ヶ月
	横への歩行	16ヶ月
	後ろへの歩行	17ヶ月
	補助つきで階段をのぼる	20ヶ月
	一人で階段をのぼる（同じ足を先行させる）	24ヶ月
	一人で階段をおりる（同じ足を選先行させる）	25ヶ月
走る	はや歩き	18ヶ月
	最初の真の走り（一瞬、両足とも地面から離れる）	2〜3歳
	効率的で修正された走り	4〜5歳
	スピード走	5歳
跳ぶ	低い物の上からおりる	18ヶ月
	両足でとびおりる	2歳
	両足でとびあがる	28ヶ月
	幅とび（約90cm）	5歳
	高とび（約30cm）	5歳
ホップ	利き足による3回の片足その場とび	3歳
	両足での4〜6回の片足その場とび	4歳
	両足での8〜10回の片足その場とび	5歳
	15mの距離を約11秒で片足とび	5歳
	リズミカルに交替しながらの上手な片足とび	6歳
ギャロップ	初歩的、非効率的なギャロップ	4歳
	巧みなギャロップ	6歳
スキップ	片足スキップ	4歳
	巧みなスキップ（約20％の子どもができる）	5歳
	ほとんどの子どもができるようになる	6歳

平衡系能力の出現時期

動的バランス	2.5cmの直線上を歩く	3歳
	2.5cmの曲線上を歩く	4歳
	低い平均台の上に立つ	2歳
	10cmの広い平均台の上を少し歩く	3歳
	同じ平均台の上を足を交互にして歩く	3〜4歳

	7.5〜10cmの平均台の上を歩く	4歳
	初歩の前転	3〜4歳
	巧みな前転	6〜7歳
静的バランス	つかまり立ち	10ヶ月
	何もつかまらないで立つ	11ヶ月
	一人で立つ	12ヶ月
	片足で3〜5秒間バランスがとれる	5歳
	逆さにして体を支えられる	6歳

操作系能力の出現時期

手を伸ばす	原初的な手を伸ばす行動	2〜4ヶ月
つかむ	物を手で囲む	2〜4ヶ月
放す	手のひらでつかむ	3〜5ヶ月
	指先でつかむ	5〜10ヶ月
	コントロールしてつかむ	12〜14ヶ月
	コントロールして放す	14〜18ヶ月
投げる	体を正対させ、両足は静止したままで、前腕を伸ばしただけで投げる	2〜3歳
	上と同様にして、体の回転を加えて投げる	3.6〜5歳
	投げる腕と同側の足を踏み出して投げる	5〜6歳
	投げ方が完成される	6.6歳
	男子のほうが女子よりも投げ方が発達する	6歳以降
つかまえる	ボールを追いかける：空中のボールには反応しない	2歳
	空中のボールに反応するが、腕の動作は遅れる	2〜3歳
	腕の位置について、教えてあげる必要がある	2〜3歳
	逃避反応（頭を避ける）	3〜4歳
	体でのバスケット・キャッチ	3歳
	小さなボールを両手だけでつかまえる	5歳
蹴る	ボールを足で押す	18ヶ月
	足を伸ばし、わずかに体を動かして蹴る	2〜3歳
	足を曲げ、後方へあげてから蹴る	3〜4歳
	腕と反対の足を大きく後方に振り上げ力強く蹴る	4〜5歳
	蹴り方が完成される	5〜6歳
打つ	対象に正対し、腕を垂直に振る	2〜3歳
	横向きに立ち、腕を水平に振る	4〜5歳
	上体と腰を回し、体重を前に移して振る	5歳
	水平打ちが完成される	6〜7歳

出典：David Gallahve "Developmental physical Education for Today's Children"（1996）

ょうか。

　教育には「教える・導く」「訓練・練習する」「感化・陶冶する」いう三つの側面がありますが、教えもせず、練習もさせず、教師の後姿や見本としての示範もせずに、まともに子どもが育つはずなどないと思っています。

バランスのいい身体をつくるために

　ツバメさんができ、鉄棒にぶらさがることができ、ブランコの立ち乗りができ、スキップができて縄跳びの一人跳びができるようになっていく、そうした運動の芽がでるのは4歳半だといわれています。そして、人間として基礎的な「投げる」「跳ぶ」「走る」といった32種類ぐらいの基本的な動きの芽が揃うのは、6歳ぐらいだと言われています。だから、4歳半から6歳までの間に大人がどれだけの支援をしてあげられるか、ということが大切になってくるのです。

　しかし、子どもの誕生日はみな違います。集団の中の個を見分け、あの子はこの種目の芽が出たなということを、見つける眼力というか専門性が求められます。勘や経験でやっているのではなくて、この子の暦年齢はそろそろ芽が出るはずだと思って、芽が出るのを踏み潰さないで見られる能力、それが今の幼稚園、保育園の先生方に要求されることではないかと思います。

　バランスのよい体を作るためには、
①子どもの発達に応じた運動遊び、発達に応じた条件設定をしてあげること
②全身で思い切って遊べること
③イメージの広がりに応じた環境設定をしてあげること
④その動線を作ってあげること
⑤発育発達の芽が出たところできちんと支援して援助してあげられること
が求められます。

幼児の発達と運動の適時性

では、幼児のからだづくりに対し、親や教師は何時どのようにして関われば「啐啄同時」を得ることができるのでしょうか。

そのための一つのヒントとして、人間はどのように発育・発達するかを知っていることが必要になってきます。

まず、1930年にスキャモンによって発表された有名な器官別発育曲線を示します。

■スキャモンの発育曲線

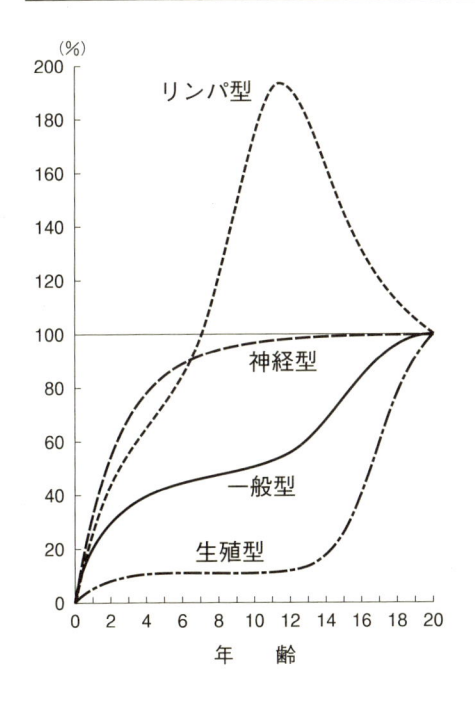

このグラフは人が生まれてから成人するまでの身体の形態の発育と機能の発達との一般的な関連を示しています。

ここに示された発育の四つの曲線のうち特に、神経型(neural type)の発達曲線に注目してみましょう。

骨格・呼吸器・消化器・循環器の発育といった「一般型」(general type)や生殖器の発育である「生殖型」(genital type)、あるいは胸腺・扁桃・アデノイドなどのリンパ組織の

発育である「リンパ型」(lymphoid type)は、それぞれ20歳までの完成にさまざまな変化がみられます。

それに比較して、脳・脊髄といった神経機能の発育である「神経型」は12歳までにほぼ100パーセント完成に達してしまうということです。

すなわち、人が生まれてから小学校の6年生になるまでに、神経機能はほぼできあがってしまうのです。

とすると、神経型に関する発達刺激、わけてもリズム・バランス・タイミングといった調整力は幼児期にはとても大切な発育・発達課題だということがわかります。

運動の発育・発達課題

では、どんな遊びや運動がこの頃の発育・発達課題なのでしょうか。

別表にあるように、アメリカの運動発達研究の権威であるデビット・L・ガラヒュー博士の研究成果から移動運動・操作運動・姿勢制御運動が現れるおおよその開始年齢を紹介してみましょう。

①歩く

一方の足で地面を支えている間にもう一方の足を前に置くことを歩行といいますが、初歩的な直立した独力での歩行は生後13ヵ月に始まり、一人で階段が登れるようになるのは2歳(24ヵ月)です。

手をつないでライン上を歩く

2本の足で直立して「歩く」ことは、動物の中で人間だけです。

人が姿勢よく「歩く」ことは、ある意味では最も人間として基本的な動きです。自分ひとりで歩くのと違い、他の人とともに歩くことで人とは違った歩行のリズムを知ることになります。

ラインの上という一つの制約を与え、手をつないで歩かせる経験は幼児期に是非一度は体験させたい動きの一つです。

②走る

走るとは両足が同時に地面から離れる瞬間があることを指しますが、最初の本当の走りができるのは2～3歳で、スピードが増した成熟した走りができるのは5歳です。

③跳ぶ

跳躍には①遠くへ跳ぶ　②高く跳ぶ　③跳び下りるという三つの形があります。また、踏み切りと着地には片足や両足で踏み切ったり着地したりします。

片足踏切で台から跳び降りることができるのが2歳ですが、ある程度成熟したジャンプパターンがみられるのは5歳です。

④ホップ・ギャロップ・スキップ

片足で踏み切り同じ足で着地することをホップといい、いつも同じ足を先に出した歩と跳との組み合わせをギャロップ、リズミカルな左右の足のステップとホップの組み合わせをスキップといいます。いずれの運動も4歳ころにできはじめます。

スキップ＝リズミカルな左右の足のステップとホップの組み合わせ

⑤投げる

前腕の伸展だけで投げるのは2～3歳、体の回転が加わって投げるのが3・6歳～5歳、男子が女子より成熟したパターンの投動作を示すのは5歳以上です。

■ 6歳児の女児と男児の投フォーム

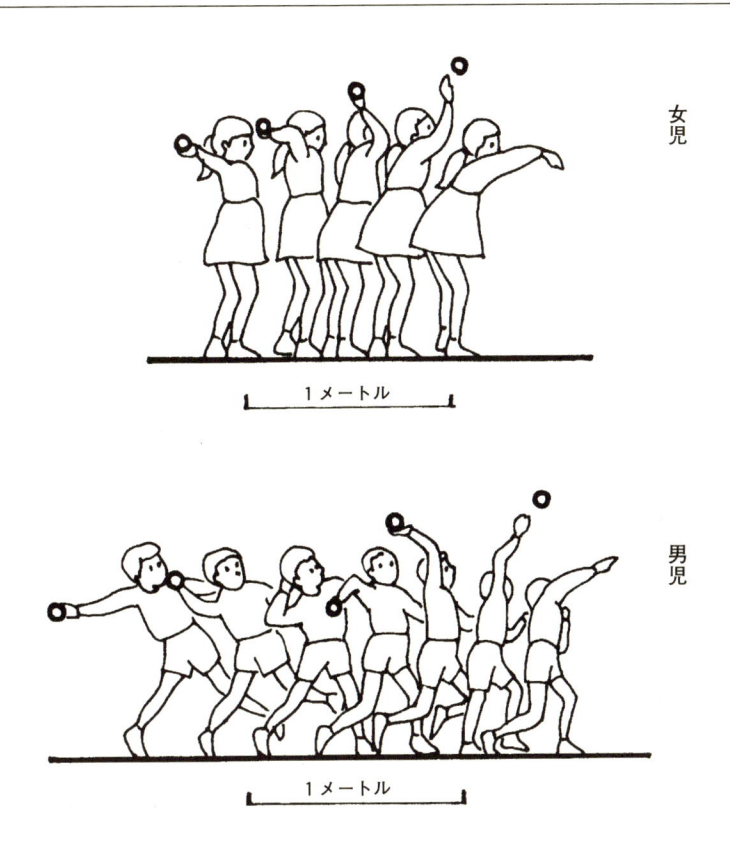

1メートル　女児

1メートル　男児

出典：宮下充正『体育とはなにか』

⑥蹴る

　ほとんど身体を動かさず、静止したままで、脚を伸ばしたまま蹴るのは2～3歳、下腿部を後ろに曲げて蹴るようになるのは3～4歳です。

⑦動的なバランス

　平均台の上で立ったり歩いたり、線に沿って歩いたり、初歩の前転など、動きの中でバランスを保つことを指します。2～4歳ほどで初歩的な動きの芽が出ます。6歳あたりには、巧みな前転など、複雑な動きのなかでバランスをとることができるようになります。

⑧静的なバランス

　何もつかまらないで立ったり、片足で3～5秒間ほどバランスをとることができるようになります。乳児期のひとり立ち、ひとり歩きにはじまり、5歳頃には片足立ち、6歳をすぎると逆立ちなどができるようになります。

幼稚園での調査結果

　ここに紹介した運動パターンはほんの一部ですが、次に、日々実際に幼児と接している幼稚園の先生方が遊びを通して観察した調査結果を紹介しましょう。

　都内の世田谷区立羽根木幼稚園では、幼児が暦年齢の何歳何カ月ごろにどんな運動遊びができはじめるかを1年間かけて調査しました。

　その種目は、「ブランコの立ちこぎ」と「座りこぎ」「鉄棒のとびつきからつばめさん（腕立て懸垂）」「なわとびの前とび」「スキップ」「平均台上を歩く」の6種目でした。

　この調査では、どの種目も5歳になると80パーセントができるようになるのですが、何歳何カ月ごろにその芽が出るのかが調査のポイントでした。

　調査結果の推移をグラフにしてみると、どの種目もほぼ「4歳6カ月前後」にできはじめるということがわかったのです。

　そこで、その幼稚園の先生方は幼児一人ひとりの誕生日を調べ、4歳半になった幼児には意識して関わるようにしたのです。

　幼児が、さなぎから蝶に孵化しようとしている時を逃さぬ大人の姿勢こそ幼児を導く最も大切な視点だと思うのです。

　デビット・L・ガラヒュー博士は「幼少年期の体育」(Developmental Physical Education for Today's Children)の中で「幼児期と児童期前期の典型的な特徴を考慮した、発達的視点に立つ体育指導のための提案」の一つとして「何が正しくて妥当なことかという感覚を確立させるよう、適切な指導をしなさい」と述べています。

■いろいろな場面

ブランコの立ちこぎ

ブランコの座りこぎ

鉄棒のとびつき

スキップ

縄とび

平均台歩き

第5章
運動と遊びの源を探る

第5章
運動と遊びの源を探る

幼児の運動を促す要因

　幼児期は、家庭で両親や兄弟など親しい人間関係を軸にした乳児期の生活からより広い生活空間に目を向け始め、興味や関心が急激に広がる中で依存から自立に向う時期でもあります。

ブランコの順番を待つ

また、幼児期は周囲の保護者や大人たちに見守られている安心感に支えられながら、家庭から外に出ても安心して過ごすことのできる周囲の道路や公園、広場や他の家庭など様々な場所で保護者から離れて遊べるように行動範囲は広がりを見せ始めます。

　その中でも、幼児の生活の場が最も大きく広がり変化するのは幼稚園や保育園など集団生活が始まってからです。

　近年、幼稚園や保育園に入園した幼児が大人の手を離そうとせず、泣いてばかりいて困るという話を聞きます。

　そんな現象はいまに始まったことではなく、人見知りを始める生後半年から1年ころにはどの幼児にも見られることですから、さほど問題にしなくともやがて新しい環境に適応していくものです。

　そのことより、いわゆる公園デビューといわれる乳幼児期に、近所の子どもや大人と遊ばせながら幼児の発育発達に応じた生活空間を広げる経験を積み重ね、集団生活へのステップを適度に踏んできたかどうかのほうが気がかりです。

活動意欲が高まり運動機能が発達する

　幼児期は運動機能が急激に発達し、いろいろなことに挑戦する活動意欲も高まってきます。特に、幼稚園や保育園などで大勢の仲間と活動する充実感や満足感が、さらに幼児の生活空間や運動内容の幅を広げ、運動意欲へとつながり、集団の中での自立的な生活態度が培われていきます。

　幼稚園や保育園では、これまでの家庭での生活とは異なり、自分一人で解決しなければならないことや、勝手な振る舞いが許されない場面に遭遇することが出てきます。

　滑り台やブランコ、うがいや手洗いも順番を待たなければならなくなります。

　保育園で3歳児が、ブランコや滑り台で「じゅんばん！」と言って整然と規律を守っている様子を見ると、幼児にとって集団から受ける教育力の大きさを感じます。

　少子化による兄弟間の葛藤が少ない環境から離れ、集団生活の刺激や変化を必死に受け入れようとしている幼児を家庭でどう受け止め、幼稚園や保育園とともに子どもをどう育てていくか、そのことが今も変わらぬ子育ての大切な課題の一つです。

友達と活動する楽しさが自己抑制を育てる

　入園当初は、同年代の幼児でも別々の行動をしながらも同じ場所で過ごすことだけで満足しています。

　しかし、次第にお互いに言葉を交わしたり、動きを真似たりしながら相互に関わりを持つようになっていきます。そして、時には自己主張のぶつかり合いなどを繰り返しながら仲間意識が育ってきます。

　幼児の対人関係は、点から線、そして面へと広がり、互いに見たり聞いたりしたことを伝え合いながらイメージを広げていきます。

　これは、幼児の自我の形成過程として、自己中心の意識から他者を尊重する自己抑制へと発達するこころと体の発達過程でもあります。

環境への関わりが発達を生む

　幼児の育て方について、これまでは、どちらかというと大人が幼児に教え込んでいく側面が強く、幼児は大人から教えられたとおりに覚えていく傾向が見られました。最近では、むしろ幼児自身が自発的・能動的に環境と関わりながら身に付けていく側面が重要だと指摘されています。

　とはいえ、大人が何も教えず、「環境だけ整えてじっと見守っていれば子どもには本来持っている力があるから、自然に身につくものだ」という放任的な教育観には、私はどうしても無理があると考えています。

　教育には「教える」「訓練する」「感化・陶冶する」という三つの側面があります。そのバランスこそ大切であって、どちらに偏ってもいけないのでしょう。むしろ、幼児には、興味・関心をもって自分から積極的に関わろうとするような環境設定をし、幼児が安心して十分に能動的な活動が発揮できるような安全で安心できる時間や場所、そして安定した人間的環境を用意し、じっと見守ってやることが大切だと思うのです。

　その際、夢中で関わっている幼児の心や動きを受容し、認め、励ます大人の存在こそが幼児の心身の発達過程にとって特に重要な要素です。

発達に応じた環境

　幼児は、環境との相互作用によって発達に必要な経験を積み重ねながら発育・発達をしていくことを述べましたが、このことは、単に幼児に限ったことではなく人間にとって環境から受ける影響が大きいことはいまさら述べるまでもないことでしょう。

　なわとびを跳び始めた時期に、近所に同じようになわとびをして遊ぶ幼児がいて、一緒になわとび遊びをするとどんどんリズム・バランス・タイミング感覚が育ちます。

　近所の公園に低鉄棒があり、前回りやスカート回りをする小学生と一緒に遊んでいるうちに鉄棒遊びが楽しくなって、逆さ感覚や回転感覚を覚えてしまう幼児が多く見られます。

　急激に運動機能が育とうとしている幼児期には、一緒に運動して楽しむ仲間がいて、体を動かしたくなる環境が整っていれば、その機能は特に育ちやすいのです。

　幼児にとって、興味や関心に応じてた運動刺激のある環境こそ、からだづくりに必要な条件と言えましょう。

　では、幼児にとって運動が生み出される背景にはどんなものがあるのでしょうか。

幼児の運動が促される背景は

　東京都立教育研究所の「幼稚園における幼児の遊びと運動の発達に関する研究」(1993年)によりますと、幼児の遊びにおいて見られる運動は、おおまかに次の四つの背景によって生み出されるといわれています。

①場や物…場や物へのかかわり
②イメージ…「見立て」や「つもり」の対象のもつ動きの「イメージ」の模倣
③人…他の幼児や教師の動きに対応するかかわり
④既成の遊び…ルールや遊び方が決められている遊び

場や物への関わりが運動を生む

　では、まず幼児の運動が生み出される「場」や「物」について述べてみましょう。

遊びの「場」は、その特徴によって幼児の運動が左右されます。

　園舎の位置、廊下の長さや幅、壁の有無、階段や朝礼台などの高低の有無、暗さや明るさがもたらす雰囲気、施設設備の特徴などが幼児の運動を左右します。

　園庭では、広さ、地面が土か舗装かといった状態の違い、保育室から設置されている遊具や樹木等への距離などが幼児の運動に影響を与えます。

安心して遊べる保育室前

　特に、入園当初は年齢を問わず場の影響を受けやすいとも言われています。

　5月の3歳児の観察では、保育室から離れた職員室につながる長い廊下を走ったり、ピロティーへ悪者をやっつけに行くために走って行き来したり、階段を跳び降りたりする運動が見られています。

　4歳児の観察では、教師がいなくても安心して遊べる保育室前の園庭に続く下足箱の前や固定遊具のある場で、いろいろな遊具に自由に関わって、様々な運動を楽しむ姿が見られています。

　また、土の園庭では、靴のつま先で線を引く時にギャロップの動きが見られ、偶然にできた水溜りを飛び越したり、水を蹴飛ばしたりする運動が生み出されています。

　「物」は幼児の遊びのほとんどに取り入れられており、幼児の運動に最も多くの影響を及ぼします。

　鉄棒、ブランコなどの固定遊具は、跳びあがる、上り下りする、滑る、こぐ、渡るなどの運動が生み出されます。

　しかし、これらの運動は幼児の目的意識や挑戦意欲の有無に左右されやすく、遊びの中

熟達すると次の遊びへ

では単発的、短時間になる傾向があります。

　また、これらの遊具は、自分のやりたい遊びや遊びたい友達が見つからない時の心のよりどころとなることも多いのですが、その遊びの過程で運動が繰り返されることにより、熟達し新たな運動への挑戦の契機となったりします。

　5歳児になると、鉄棒からブランコ、そして滑り台へと遊具が組み合わされ、連続して遊ぶことでイメージが付加され、ルールのある遊びへと発展していきます。

　幼児の自発的な活動としての遊びが、心身の調和の取れた発達の基礎を培う学習であることを考えると、大人や教師は、幼児一人ひとりの行動の理解と予想に基づき、計画的に環境を構成していくことによって、幼児の発達を促していくことが望まれます。

イメージを真似る時期

　梅雨の晴れ間に園庭の片隅にある花壇をほじくりかえしていた男児が大きな一匹の「いもむし」をみつけ出し、手のひらに乗せて得意そうにみんなに見せています。

　先生が「わぁー、芋虫だー。この虫はね、蝶や蛾のあかちゃんで『いもむし』というんだよ、よく観てごらん、おいものような形をしているでしょ。もうじき夏になると大人にな

って蝶や蛾になるんだよ。でも、それまでは土の中で暮してたんだから、このままだと死んじゃうからかわいそう。また、土の中に返してあげようね。」

　幼児たちは「知ってるよ！」などと言いながら、名残惜しそうに花壇の土の中に返すことにしました。

　しかし、幼児にとって今見たばかりの「いもむし」のイメージは強烈です。

　早速、一人の幼児が小さくかがんで、のっそりのっそり歩き出しました。すると、他の幼児がその幼児の肩に手をおいて二人組みになり調子を合わせてのそりのそりと前進しています。

　先生が「いもむしごーろごろ、ひょうたんぽっくりこ」と歌いだすとみんなも「いもむしごーろごろ」と歌いながら一人二人とだんだんいもむしが増え、みんなで遊び始めました。

いもむしごーろごろ

　幼児期には、あこがれる対象と同じになりたいという「同一化」を図ったり、いろいろなことを見聞きしたことを「イメージ」として内在させ、それらを再現して遊ぶという発達の特性があります。

　テレビのキャラクターになりきって跳んだり走ったりする男児のように、幼児は遊びの中で様々な物を何かに「見立て」たり、自分がなにかになった「つもり」で遊ぶことが多いことは家庭や保育園・幼稚園でよく見られる光景です。

　このように、自分の心に描くイメージや憧れている対象のもつ動きを模倣する過程が幼

児の運動に直接的に表れ、それらのイメージのもつ雰囲気や動きは、幼児の運動に大きな影響を及ぼします。

特に、男児は年齢を問わず、ヒーロー等の強い雰囲気を持つ動きを模倣することが多く、風呂敷のマントを肩にかけ、武器に見立てた物を持って力強く走ったり、高いところに登ったり、跳び下りたり、何かを狙い打ちする姿勢をとったりする運動が生み出されます。

より良い大人の後姿

精神分析学でいうこの「同一化機制」という適応機制は、人間が欲求を充足しようとする行動の一つで、子どもが成人へと成長する過程で極めて重要な働きをしています。

平成の大横綱と言われ、多くの国民から惜しまれながら引退したあの貴乃花は、幼児期から父親に憧れ「父と同じになりたい」「父の無念さを晴らしたい」という同一化機制の結果が大横綱を生んだともいえます。

貴乃花は引退直後のインタビューで「大関止まりで横綱になれなかった父親の無念さを常にバネにして苦しさを乗り越えてきました」と話しています。

男の子が父親の真似をして皮カバンを持って歩いたり、女の子が母親の姿を見て、人形遊びやママゴトを好むのも「同一化機制」の一つと考えられています。

このように同性の親との同一化によって子どもは正常に発達するのですから、大人の後姿が教育における感化・陶冶の大切な側面を持っていることになります。

大好きだった幼稚園や保育園の先生の影響で教師を志す学生が筆者の勤務する大学にも多数存在します。

しかし、もしこのような欲求が充足されないとしたら、人はどのような欲求不満の解消方法になってしまうのでしょうか。

お金がなくて物が買えない時、欲しい物を盗んだり、自分の悪口を言った人に対して殴ったりする「攻撃機制」。

なにかしたくても障壁に妨げられると欲求を抑圧して意識下に残す「抑圧機制」。

欲求が満たされないときに、その欲求を空想の世界で満たしたり、現実の世界から逃避して、自分自身の中に閉じこもったりする「退行機制」のように、必ずしも望ましい方向とはいえない欲求充足の方向へ向ってしまいます。

私たち大人がどんな生き方をするか、どのようなイメージを子どもたちに与えるか、その責任の重さと怖さを感じます。

　例えば、テレビをつければ朝から晩まで報道されつづけた「イラク戦争」を例に挙げると、ああしたイメージは、幼児にもすぐに影響し、積み木で基地を作ったり、巧技台を戦車に見立てたり、相手と組み合って戦う運動などが見られます。「○○レンジャーごっこ」のあとに「イラク戦争ごっこ」となってしまう怖さを感じてしまいます。

運動が生み出される「イメージ」

　幼児は個々に自分のイメージを楽しみ、それらは単発的かつ短時間に生じることが多い傾向があります。

　デパートのからくり時計の人形が踊りだすとその前で一緒に踊ったり、友達のバレエの発表会を観た女児が、翌日、その時の曲に似た音楽が流れるとバレリーナになったつもりで手を広げ、片足を軸にして回転し、リボンを操作して気持ちよさそうに踊る姿が見られたりします。

からくり時計の人形と一緒に踊る

噴水だーっ

　幼児は「噴水」が大好きです。保育園や幼稚園での夏のプールは唇が青くなるほど飽きずに水遊びをするものです。中でも先生が水道のホースで噴水を作ってあげると喜んではしゃぎまわります。その「イメージ」は、幼児の運動を引き出しすっかり噴水になりきったりします。特に、プールを怖がっている幼児に水慣れをさせるための一つとしての「噴水ごっこ」も楽しいものです。また、夏の暑い園庭で衣服が汚れることを前提に「噴水ごっこ」をし、思い切りどろんこ遊びをさせるのも良いでしょう。

風と木

　秋が来て台風のシーズンとなると園舎のガラスがカタカタ鳴って怖いほどの日があります。そんな「イメージ」も幼児にとっては模倣の運動を生み出す契機かもしれません。外遊びができないときに、風になったり、強風で揺れ動く木や木の葉になりきったりさせることも、自然の様子を幼児なりに体で表現することになります。

地域のお祭りの後では、その体験からくるイメージから、太鼓に見立てた牛乳パックを、大人が用意したお囃子の曲に合わせて力強く棒で叩いたり、手作りの御輿を皆で担いでまわったりする運動が見られます。
　これも幼児のイメージが運動を生み出す背景の一つです。
　ところが、新体操の演技を見た女児が、選手と同じようにフープを空中に高く投げ上げて捕ろうとしても、イメージのみが先行し、ほとんど技能が追いつかないために、ぎこちない様子が見られるのも幼児の運動の特徴です。
　しかし、5歳児になると、対象の動きを本物らしく表したい気持ちが強くなり、ヒーローのポーズを真似ても、腰を曲げて両手を合わせ、力強く前に押し出したり、素早くそれらしく移動したりして複雑かつ巧みな運動が生み出されてきます。
　また、動物園やテレビで見たウサギ・リス・サルのイメージから「はねる」「よじ登る」「這う」動きが生み出されたりもします。
　既成の遊びであるサッカーやドッジボール等も、はじめの段階では「役になるイメージ」が先行して遊ばれることが多いことが幼児観察の結果から見られます。

受け止めてくれる仲間

　このように、イメージが背景となって生み出される運動は、「先行経験」が土台となって、そのイメージを表現するための「場や物の有無」、表現を「受け止めてくれる友達や大人の存在」との関連が強く、それらが相互に関連を持って遊びに生かされると、幼児は一層遊びの楽しさを味わい、運動も繰り返され、発達が促されます。
　また、幼児はイメージした対象の動きと自分の運動能力とのギャップがあっても、同一化したい欲求の強さがそれを埋めようとするので、運動の幅が広がることになります。
　さらに、幼児が受けた強いイメージの世界を表現する動きは、遊園地の楽しかった乗り物さえも模倣しようとして、客を乗せて四つん這いになって歩く状況など多様で柔軟性のある運動が生み出される傾向が見られるほどです。
　幼児にとってどんなイメージに遭遇するか、そのことが幼児の運動を促す要因としての大きな契機となります。
　出合ったイメージから、何かに「見立て」たり、何かになった「つもり」になって、その

対象が持つ動きのイメージを模倣することで、それぞれの幼児の遊びが広がり、運動発達に結びつくとしたら、より多様なイメージと出合うことの大切さが理解できると思います。

幼児期では、このように感じたことや考えたことを自分なりに表現することを通して、豊かな感性や表現する力を養い、創造性を豊かにすることが求められています。

その中で健全な幼児のからだがつくられていくことは、今さら述べるまでもないことでしょう。

運動を生み出す背景としての「人」

幼児にとって「人」が運動を生み出す背景となる場合、次の二つの意味があります。

一つは、相手が自分と同じように動いている存在として「ともに動く人」であり、もう一つは、自分の動きと対応して動く「対応する人」としての存在です。

人間の欲求不満を満たすための行動を適応機制と呼び、その中でも「ベッカムのような髪型をしたい」といった青年期によく見られる行動様式を「同一化機制」と前述しましたが、幼児の運動にも未発達ながら同じような行動様式が生まれます。

まねっ子遊び

特に、3歳児では「ともに動く人」に影響されることが多く、他の幼児が「マットの上」などで手(腕)を使わずに「前まわり」をすると、自分もやりたくて真似をします。

この運動は、幼児期にはできるだけ数多く経験させたい運動の一つです。

ただ、うまく回れずに、背中からドスンと落ちたり、回れるものの、うまく起き上がることができなかったりもしますが、大人が幼児の横に片膝を立てた姿勢で位置し、片方の手で後頭部を支えてあげると回転がスムーズにできるので喜んで何回もやりたがるものです。

もう一つ経験させたい運動として、「手押し車前転」があります。

補助をする時の要領として、幼児が前回りにうつる時、幼児の足を前方に軽く押し出してあげ、前にスムーズに回れるようにしてあげるとよいでしょう。

手を使わずに前回り

手押し車前転

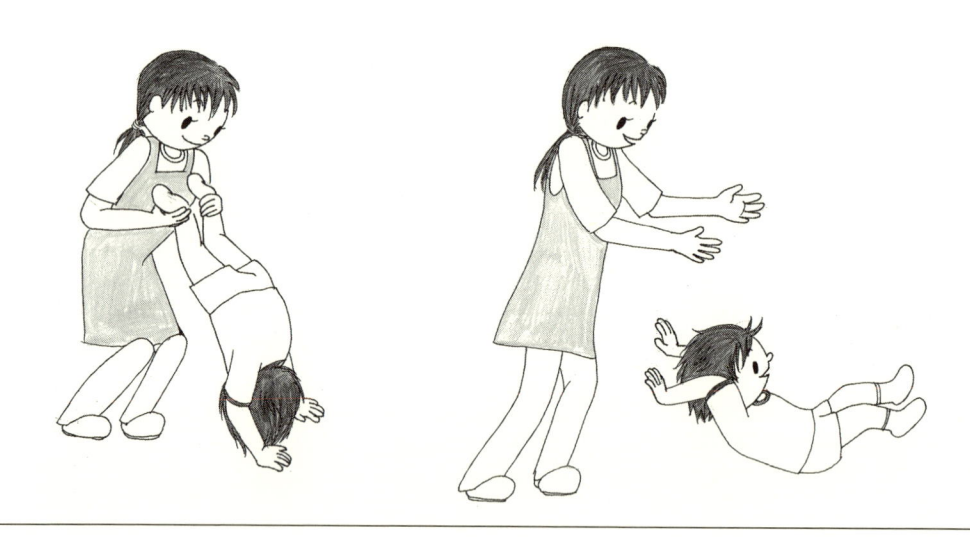

オートバイ

　幼児、特に男の子は乗り物が大好きです。オートバイになりきってキイを差込み、エンジンを始動し、「ブブブーン」と口伴奏をしながら乗り回す楽しさは特有の動きとともに楽しさも格別のようです。中には実に上手に「まねっ子」遊びをする幼児がいるものです。
　できれば、映像や擬音を用意してあげると、効果抜群です。

大人からみると、このような「めまい」のするような動き、「めまい体験」を幼児期にできるだけ体験させることによって、幼児期に大切な調整力が養われます。

「めまい体験」と「逆さ感覚」

5歳児になると、鉄棒での「めまい体験」や「逆さ感覚」を好んでしたがる幼児が見られます。

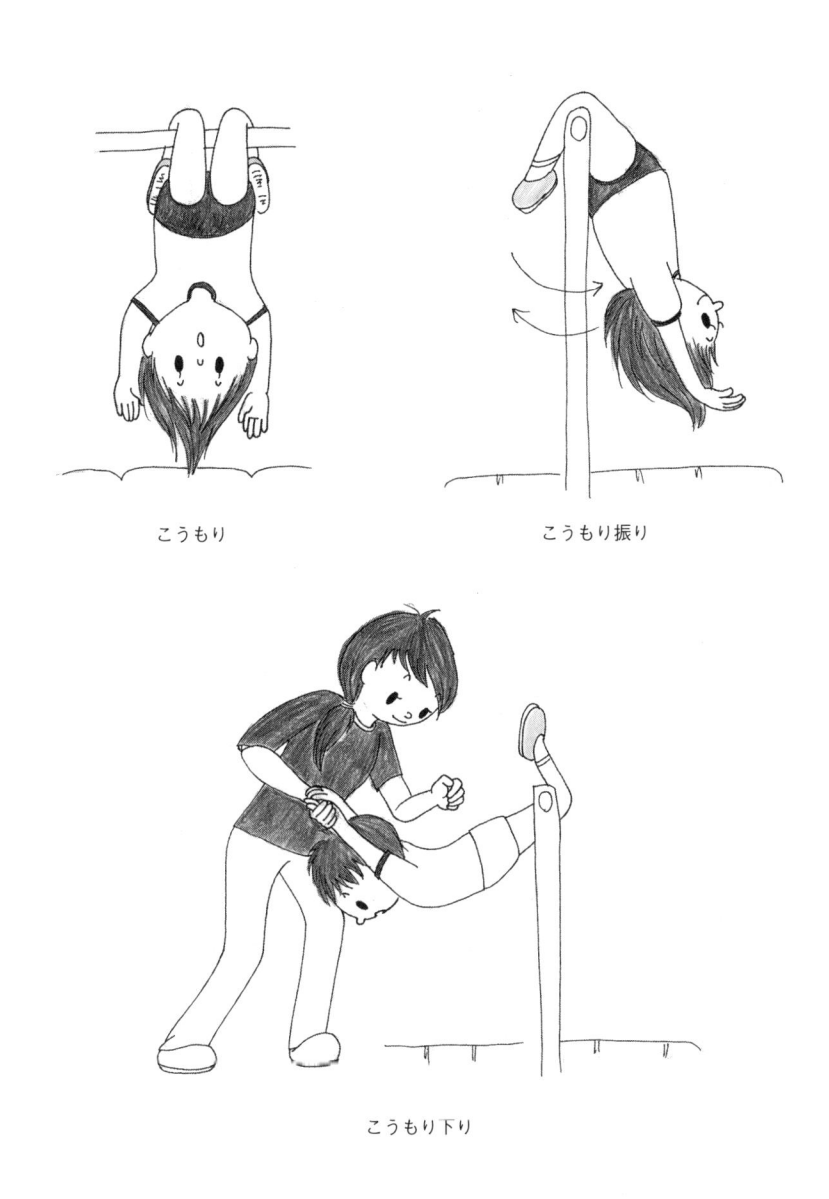

こうもり

こうもり振り

こうもり下り

図は、転落による怪我の防止を十分配慮して、できるだけ体験させたい鉄棒遊びです。
　活動的な5歳児なら、「こうもり→こうもり振り→こうもり下り」のような「逆さ感覚」を好む幼児も出てきます。
　この鉄棒遊びで失敗する例には大きく二つあります。一つは、逆さにぶら下がった時、足が外れて頭から落ちることがあります。それは、足に力が入ってなく、よく膝が曲がっていないことがあるので、しっかりと膝を曲げ、鉄棒に深く膝が掛かるようにさせることです。
　もう一つは、スイングの時、体を小さく丸めてしまい、スイングができないことです。足には力を入れさせますが、体からは力を抜かせ、前に振った時は体をそらし、後ろに来た時はからだをまるめるようにさせると良いでしょう。
　補助をする指導者は、鉄棒の横に位置し、鉄棒にかけた足が離れないように、片方の手で足首を軽く支え、片方の手で上腕部を支えるとよいでしょう。
　なお、下りる時、スイングが小さくて頭から落ちることもあるので、上腕部を上に引き上げてあげ、安全な着地ができるようにしてあげます。

幼児はだれかに見てほしい

　このような動きができるようになった幼児は、自分の動きを見てもらいたい欲求から、先生や他の特定の幼児を誘い、積極的に鉄棒にぶら下がるようになります。
　しかし、このような幼児とは反対になかなか鉄棒には近づかない幼児もみられます。
　決して無理強いはしない方がよいと思いますが、鉄棒にだけはさわるようにさせたほうがよいでしょう。
　ある小学校で、鉄棒指導の不得意な中年の先生から「どうすればよいでしょうか」と相談を受けたことがあります。筆者は、即座に申し上げました。
　「今日から一週間、先生が毎日、休み時間に必ず鉄棒のところで児童と一緒に遊ぶことです」そして、うまい子どもを見たら「すごい！」「うまい！」と言っているだけで結構です。と申し上げました。
　さすがに一週間まるまる鉄棒のところへは行けなかったそうですが、二週にわたって十日ほど鉄棒のまわりでクラスの子どもたちと遊んでいるうちに、ほとんどの児童が鉄棒の

「逆上がり」や「前回り」ができるようになったと喜んでおられました。
　特に「子どもたちが鉄棒をお互いに教えあうことで、自分の動きを支え、変化させてくれる仲間の存在に気づいたことが印象的でした」とも述べておられました。

対応する人

一方、人が自分と対応して動くことから幼児の運動が生み出されます。
　3歳児が物の取り合いによる「けんか」の中で、相手から奪い取ろうとして力一杯引っ張ったり、ぶつ、蹴る、追う、逃げるといった対応した動きが生まれます。
　また、ホースの水を相手の動きに合わせてかけたり、かからないように逃げたり、荷物を運ぶ時に相手と歩調を合わせたり、運動会のフォークダンスでは、友達とパチンと手と手を合わせて見たりする運動も自分の動きと対応する人の存在といえます。

菜の花と蝶

　幼児の対応する動きには、動と動、静と動とがあります。一人が菜の花（静）となり、もう一人が蝶（動）となって飛び回ったり、時には菜の花にとまったりして遊ぶことで静と動との動きの変化を体感することになります。
　菜の花の実物や、音楽をかけてあげることで更に感性が豊かになるに違いありません。

5歳児になると、ボールゲームの中で相手の動きを見定めてボールをぶつけたり、ぶつけられるのを予測して逃げたり、受け取ったり、対応するリズム・バランス・タイミングといった調整力も見られるようになります。

自分のもつ体のリズム

　人の存在はものとは異なり、自分の持つ体のリズムや動き方とは別個のものをもつ存在として、その場の状況を瞬時に判断して対応しなければならないことに遭遇することがあります。

　一方、自分の全身を相手と協応させる必要性にかられることで、相手とぴたりと動きが合った時に強い共感性を抱くこともあります。

まりつき

　人が自分と対応して動くことからも運動が生み出されますが、ボールやなわなど変化する物に対応しても運動が生み出されます。一人がボールをつく側になり、もう一人がボールになったり、一人がボールを投げ上げると、もう一人がボールになってジャンプしたりして遊びます。かわるがわるボールになることで更に動きがリアルになってくるものです。
　この動きから、対応するリズム・バランス・タイミングといった調整力も養われるだけでなく、自分の持つ体のリズムや動き方とは別個のものを持つ存在に対応することや協応することの楽しさから強い共感性を体感することにもなります。

幼児にもまた、そんな経験の場を数多くさせたいものです。

たこあげ

「凧揚げ」は、幼児に大空に舞い上がる夢を育てる遊びとして世界中で古くから伝承する遊びです。近年、都会ではなかなかできなくなりましたが、その「イメージ」は「対応する動き」としても幼児の運動を生む契機となります。

幼児は、「凧を揚げる人」と「凧」になり、自分の全身を相手と協応させることで強い共感性を抱くことができます。年長さんになれば、「連凧」なんて楽しい動きが期待できます。

第6章
子どもたちに豊かな遊びを

第6章
子どもたちに豊かな遊びを

幼児の遊びの意義

　子育ては旅に似て、その道中にこそ楽しさがあります。行く先や子どもの育った結果ばかりを気に掛けているよりも、子どもの育つ姿、日々育ち続ける過程をじっと見つめることにこそ楽しみがあります。
　一方、子どもは大人からじっと見つめられる幸せや楽しさもあるはずです。

遊びは自由で、自発的

　陽だまりの公園のベンチで、男児が自分の帽子を落としては母親に拾ってもらい、また落としては拾わせる動作を楽しそうに繰り返しています。聞いてみるともうすぐ1歳の誕生日を迎えるのだそうです。
　子犬は2匹で噛んだり、もつれたりして転がっています。子猫にボールを投げると追いかけて捕まえ、また自分で転がしては走って行って押さえつけ、じゃれています。
　幼児も子犬も子猫も「遊んで」いるのです。実に自由で、自主的に遊ぶ姿こそ自然な遊びといえます。
　もし、幼児が落とした帽子を「拾いなさい」と母親が命じたとしたら、その瞬間にそれ

公園のベンチで帽子を落として遊ぶ親子

は遊びではなくなってしまいます。

　遊びはじめは、誘発されたり、促されたりしたとしても、一度遊び始めればいつやめても自由なのです。また、何をしても、どのように遊んでも危険さえなければ幼児の自主性に任され、大人から強制されたりするものではありません。

　幼児の「遊び」は内容が実に多彩で、仕組みも複雑ですから世界中の大人にとっては魅力があり、興味や関心が尽きず、多くの研究者が子どもの遊びについて研究しています。しかし、一言で言うなら「子どもにとって遊びが全て」とさえ言い切ることができるのではないでしょうか。

遊びは学習

　からだづくりはこうすべきだ、こうでなくては、などという教条的なものではなく、最終的には「幼児が夢中になってどう遊ぶか」が大切なことです。

　さらに、進化のレベルから見ると、高等動物の子ほどよく遊び、大人になるまでに長期間を要する種ほど、子どもの時期にさまざまな学習をしなければならないので、大いに遊ぶ必要があることも動物研究の結果から分かっています。

遊びはその活動自体が目的

　筆者の研究室のゼミ生が卒論の観察実習に、ある幼稚園にお願いして、1クラスの幼児にロールペーパー・新聞紙・ダンボール・ティッシュペーパー・紙のリボンを与え、一定時間自由に遊ばせ、どのような遊びをするのか観察することにしました。

　1時間、できるだけ干渉せずに見守り、そっとビデオカメラで撮影し、その後、そのフィルムをゼミ生が研究室で再生しながら分析してみることにしたのです。

　最初、学生が幼児を遊ばせようと試みるのですが、幼児はなんともぎこちなく、なかなか乗ってきません。

　ところが、一人の女子大生が逆に幼児に乗せられて一緒に楽しんで遊んでしまうのです。すると、周りにいた幼児がロールペーパーやダンボールで楽しそうに喜々として遊び始めるのです。

　実験のねらいだった遊びの種類は、「後姿を見て学ぶ」感化・陶冶的要素である「母親を中心にした大人の真似っこ遊び」が最も多いことが分かったのですが、それ以上に学生の興味と関心を集めたことの一つは、幼児を「遊ばせる」のではなく一緒に「遊ぶ」ことの大切さだったのです。

　「幼児にとっての遊びは、何かの目的のための手段ではなく、遊び自体が目的なのだ」ということがこの実習を通して分かったと学生たちは目を輝かせていました。

　学生たちは、目の前にいる幼児こそ教科書だということも学んだに違いありません。

遊び人数が少なくなっていませんか

　先日、近所のおばあちゃんが孫に会いに同じ町に住む娘の家に行った時の話です。

　幼稚園から帰宅した孫は着替えてから手を洗い、うがいをしておやつを食べると一人でビデオを見始めたのだそうです。やがて、近所の友達が遊びに来ると喜々として二人でゲームをして遊んでいるとおっしゃるのです。

　なぜ、こんなに天気が良いのに外であそぼうとしないのだろうか、家の中ばかりで遊んでいたら今にモヤシになってしまうと心配されておられました。

　昭和52年、筆者は「遊びの集団」について調査したことがあります。

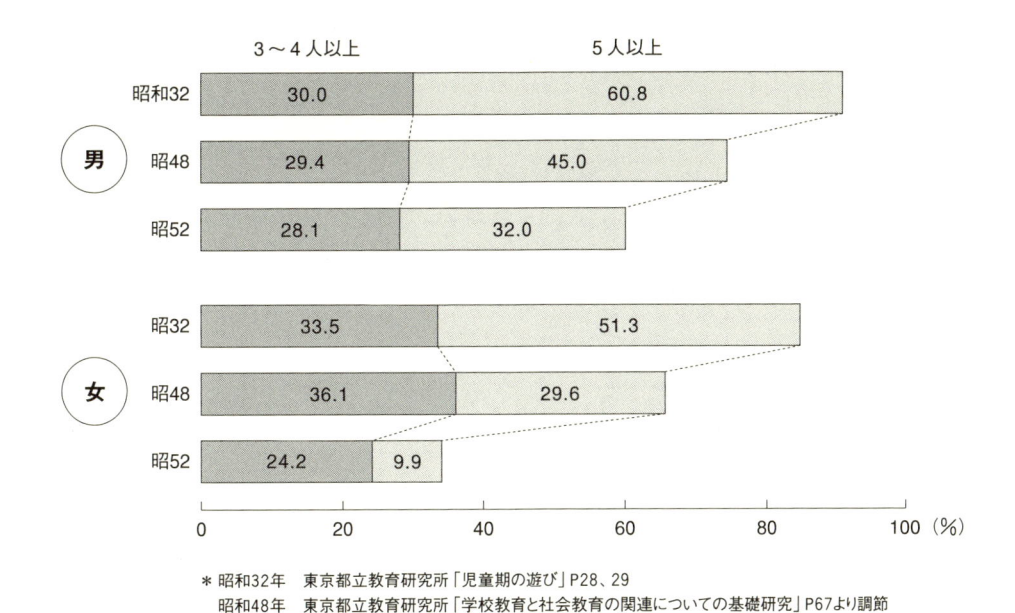

■ 小学校（4〜6年生）の遊びの集団の大きさ比

		3〜4人以上	5人以上
男	昭和32	30.0	60.8
男	昭和48	29.4	45.0
男	昭和52	28.1	32.0
女	昭和32	33.5	51.3
女	昭和48	36.1	29.6
女	昭和52	24.2	9.9

＊ 昭和32年　東京都立教育研究所「児童期の遊び」P28、29
　 昭和48年　東京都立教育研究所「学校教育と社会教育の関連についての基礎研究」P67より調節

　このグラフは昭和52年、都内小学校5〜6年生877名に「学校から帰って、あなたを入れて何人で遊ぶことが一番多いのですか」という設問に回答した調査結果を、それぞれ男女別に20年前と4年前で比較したものです。

　全体としては二〜三人が最も多く、全体の45.6％でしたが、このグラフの推移が示すように、小学生の遊び集団は、男女とも三〜四人がさほど変化していないのに比べ、五人以上は急速に少なくなっていることが読み取れます。

　すなわち、「おにごっこ」「かくれんぼ」「かんけり」「だるまさんころんだ」といった、日本の子どもたちがかつて広いフィールドで遊んでいた伝承的な遊びがどんどん減って、一人遊びとか二人遊びが中心になり、さらには、それさえもできなくなって、一人でゲームやグッズ、あるいはテレビを相手にする遊びが増えてきていました。全身運動をするだけのフィールドに子どもたちが足を向けていないのです。

　遊び集団が少なくなれば、子どもの遊びの質や量に変化を与え、遊びから運動量を奪う結果が予測できます。この調査時から20数年を経た現在、さらに子どもの遊び人数が減少しているのではないかと危惧しています。

幼児教育志望の学生に授業で「おにごっこ」「手つなぎおに」「島おに」「ドンじゃんけん」「影ふみおに」「Sけん」「だるまさんがころんだ」など、多勢で遊ぶ伝統的な遊びを取り上げたことがあります。ところが、経験者と未経験者に大きく二分されていることに驚きました。未経験者はなかなか遊べないのです。

　保育園や幼稚園は幼児を集団で育てる場ですから、是非とも遊び人数の多い遊びの楽しさを十分経験させてほしいと願っています。そして、筆者は、その指導者の卵である学生にも多人数で遊ぶ伝承遊びを教える責務を感じたのです。

太陽の下で遊ぼう

　小春日和に小学校体育の研究授業を見に行って驚いたことがあります。

　体育館で高学年の器械運動の授業が始まったのですが、暖かい光の射す南側の窓を閉め、暗幕が引かれ、照明を点けて授業が行われています。

　思わず、隣の先生に「なぜ、暗幕を引いているのですか」と尋ねると「子どもが眩しがるのです」との答えでした。

　その後、中学校や高校でも同じ質問をしたら、皆同様に「子どもが眩しがるので」との返事が返ってきました。

　たしかに、窓から強い光が射し込んで眩しいこともあり一概には言えませんが、なんとなく不自然に感じたのです。

　また、近年天候に左右されない室内スポーツが普及し、自然光より人工の光に頼る傾向があることが、学校体育にも影響しているのかもしれません。

　夏に北欧を旅した際、公園の芝生や船の甲板に水着一つで肌を焼く多くの老若男女を見かけ、短い夏の太陽光を大切にしている様をひしひしと感じたものです。

　北欧に比べ、日本には貴重な四季があり、豊かな水や太陽に恵まれた自然があることを忘れかけているのではないかと心配しています。

　冬の窓から射す暖かな太陽の光が眩しいから、体育館の窓に暗幕を引いて運動をするといった不自然さが当たり前になってしまわないように、幼児のころから思う存分外遊びを経験すれば、太陽の下で、自然の風の中で遊ぶことがどんなに心地よいものかが体験として残ると思えるのです。

健康は、人生にとって目的ではありませんが、第一の手段です。

学力低下の問題については、テレビでは日曜日などに4時間ぶっ通しで討論するのに比べ、子どもの健康や体力低下の問題は、毎年体育の日に取り上げるだけという現実は、それだけ国民の関心が低いとマスコミは判断しているのでしょうか。

伝承遊びの危機

日本中が核家族化したと言われてからどのくらい経つのでしょうか。

祖父母と親と孫との暮らし、いわゆる三世代同居の家庭が少なくなったことが、日本の「伝承遊び」の断絶を招いたと言われています。

それは、若い親はわが子に対し、自分が経験した伝承遊びを伝えるにはなかなか時間とこころの余裕がないだけでなく、人生経験もまだまだ未熟だと言えそうです。

その点、祖父母は、孫に対してこれまでの豊かな人生経験を活かしながら、いろいろな遊びを優しく伝えることができます。

一方、少子化の影響もあって子どもたちの「遊び人数が急減」してしまったことから「おにごっこ」や「かくれんぼ」といった集団での遊びができなくなってしまったこともあります。

さらに、都市化が進み、自動車が増えたせいか子どもたちが安全に「遊べる広場」が少なくなったことも一因なのでしょう。

「伝承遊び」に対する家庭での伝承経路が断たれ、遊び人数が減り、遊び場も少なくなって、やがて伝える人もいなくなり、「伝承遊び」が断絶してしまいそうです。

平成11年の秋、東京の国立オリンピック記念青少年総合センターで世界から9ヵ国（日本・ロシア・エチオピア・アメリカ・トルコ・ドイツ・イギリス・カンボジア・中国）が集まって「第3回野外伝承遊び国際会議」が開かれ、同時に「第1回野外伝承遊び国際大会」も開催されました。

会議では各国とも「三世代同居の形態が崩れ、遊びが伝承されなくなった」という報告がなされています。

このことは、日本だけでなく、集まった全ての国の悩みでもあるようです。

わが国の伝承遊びとしての「かごめかごめ」「影踏み鬼ごっこ」「石蹴り」「階段あそび」

「馬乗り」「陣取り」「ゴム跳び」「まりつき（あんたがたどこさ）」「コマまわし」「おてだま」などには全国共通な明文化されたルールや方法があるわけでありません。

また、いつとは知らず、誰から誰へと伝えられたというわけでもありません。

しかし、これらの遊びには民俗学的な伝承と伝播のパターンがみられ、社会と時代が背景として大きく影響することはたしかです。確かに、遊びは時代と社会の中で生まれ、その影響のもとに変貌を遂げ、時には断絶するものでもあります。

遊びの貧困化

しかし、私が側聞する限りでは、わが国の最近の子どもたちの遊びのありようは、決して豊かなものとは感じられません。

むしろ、遊びの貧困化さえ感じています。どんなに経済成長や物質的繁栄を誇ろうとも、民族としての伝承性と子どもの遊びを失いつつある社会は決して豊かとは言えず、むしろ人間としての貧しさ、こころの貧しさを表わしているのではないでしょうか。

特に、人間が互いに連帯性を見出せず、地域社会を荒廃させ、子どもたちから幼児期のノスタルジックなこころの故郷を失わせてしまうとしたら、子どもたちの未来にも関わる問題とも思えてくるのは私だけの杞憂なのでしょうか。

その意味で、保育園や幼稚園、各家庭や地域で、子どもたちに大人が意識して多くの「伝承遊び」を教え蘇らせることによって、豊かな遊びの文化を継承し、その遊びの中で、

陽だまりでゲームに夢中な小学生

人間がどうすればお互いに連帯できるのか、何がキーワードなのかを自然に育める場を作れるのではないかと考えています。

昭和の遊び

　(財)日本体育協会日本スポーツ少年団は、昭和49年から52年までの3年間をかけて、全国各地から子どものころに遊んでいた「あそび」の収集調査を行い、半世紀に亘る昭和の「子どもの遊び」を集めて分析・考察しました。

　その遊びを約500種類に分類し、その中から現代の少年たちに実際に適用でき、子ども同士が身体活動を通して行う「あそび」150種を選び「あそび百科」として出版されました。

遊びのタイプ類型

　「あそび百科」では、子どもの遊びのタイプ類型をつぎの七つの基本的要素に分類しています。

①にげる・つかまえる

　「鬼ごっこ」に代表される「逃げる者」と「追いかける者」とを決め、逃げるものをつかまえることが遊びの要素となるものです。

　鬼が他の一人をつかまえて鬼が交代する基本形としての「鬼ごっこ」、だんだんと鬼が増えることによって行動に制限が加わる「手つなぎ鬼」「鬼増やし」「くっつき鬼」、直接からだにタッチしてつかまえるのではなく影を踏むことによってつかまえる「影踏み鬼ごっこ」、一度つかまえられてもまた生き返る「助け鬼」「だるまさんがころんだ」「陣取り」、つかまりそうになったら座ることによって逃げ切れる「座り鬼」や「島鬼」のように多様なバリエーションが数多く派生します。

　このように遊びの方法を複雑化し、より興味ある遊びへと発展する過程が、子どもの発達段階の過程と密接に対応していることが「鬼遊び」の古くて常に新しいゆえんなのでしょう。

すわり鬼

かごめかごめ

なお、鬼遊びの起源は、脅迫観念からくる逃避に始まるといわれ、追跡者を「鬼」と呼ぶのは、わが国では仏教思想の影響からきているといわれています。

②みつける・あてる

この遊びには、「かくれんぼ」や「宝さがし」などの「みつける」という要素に遊びの重点をおいたものと、「かごめかごめ」のように「あてる」ことを遊びの要素にしたものとがあります。

誰であるかを「あてる」ことを「あそび」とするのは、比較的幼い子どもたちのあそびですが、柳田國男の「子ども風土記」では「あてもの遊び」としています。

③ちからをきそう

力を競うことを端的に遊びの要素としたものには「すもう」があります。相手との接触の場で、押し合う、引き合う、倒しあう等、相手と力を競い合うことが中心となりながらも、他の要素を組み合わせつつ多くの遊びがうみだされています。

この「ちからをきそう」遊びは、一人対一人で力を競う「すもう」や「チャンバラごっこ」から、個人の力を競いながらチームゲームとして競う「陣取り遊び」「大根抜き」「おしくらまんじゅう」「S字ゲーム」「けんけんずもう」「騎馬戦」「棒倒し」などと個人から集団のゲームへと大きく展開する遊びの類型としてとらえることもできます。

この「ちからをきそう」遊びがチーム対チームとなった時、攻める象徴を設け、それを倒す(奪う)ことによって勝ちを決める方法が生まれてきます。

それは、適当な時間内に、しかも明確に勝敗を決めるには最も良い方法だからです。

しかし、「大将どり」などの全身でぶつかり合うような勇猛な遊びにおいては、互いに怪我をしないような「きまり」をつくっています。「力」で相手を倒すことを要素とする「遊び」であっても、本気で倒してはいけないのが「遊び」の本質です。従って本当に倒したことにするためには、勝敗を明確にできる「象徴」が必要となるのです。

このように、子ども時代の遊びの中で、人間関係の暗黙の了解事項を経験することも大切なことではないでしょうか。

④「かけっこ」あそび

競走することは多くの遊びに欠かせない要素といえます。

特に目的地点まで誰が早く到達できるかという極めて広範で原初的な「かけっこ」に勝敗がかかる色合いの濃い遊びがこの類型になります。その最も単純な形は昔からある「かけくらべ」です。

　さらに目的地点に早く到達するという基本的要素に他の条件を付加することによって、子どもたちは多様な「遊び」の方法を創り出して来たのです。

　そのことによって単に走ることが速いということだけでは、勝つことができないという遊びの多面性も生み出したのです。

　条件設定の代表的なものは「じゃんけん」があります。

　　グーは「ぐんかん」（4歩）
　　チョキなら「チョコレート」（6歩）
　　パーなら「パイナップル」（6歩）

などと約束するのです。

　「階段遊び」「ドンじゃんけん」「じゃんけん陣取り」などの遊びが幼児期には経験させたい遊びです。

⑤「わざをきそう」あそび

　「石けり」が代表的な「わざをきそう」遊びです。

　この類型は、文字どおり技能の優劣を競うことが遊びの基本的な要素です。ある動作がいかに巧みに行えるか｜身体をいかに巧く使えるかが遊びのポイントとなるものです。

　この遊びには「石」「瓦」「木片」などの自然物を用具とする「石けり」「けんぱ」など、「なわ」「ひも」「釘」「ハンカチ」「ゴムひも」などを用具とする「なわとび」「ハンカチぬき」「ゴムとび」、「竹馬」「輪」「お手玉」「コマ」「ボール」「ケン玉」などの遊具を用いるあそびがあります。

　一方、身体のどの部位を主に用いた技能かによって、「コマまわし」や「お手玉」などは主に手を、「ゴムとび」や「なわとび」は主に足を、「竹馬」「石蹴り」は主に手と足の技能の巧みさが要求される遊びです。

　遊びを通じてこうした身体全体の動きの巧みさや器用さ、全身を合理的にコントロールする力、すなわち「調整力」が養われることが幼児期にはとても必要なのです。

⑥「とりあいっこ」あそび

　男の子にとって「めんこ」「ビー玉」がかつて「とりあいっこ」遊びの双璧でした。一方、女の子は「おはじき」が主流でした。

　「めんこ」や「ビー玉」「おはじき」は、基本的には「わざをきそう」ことで結果的に「とりあう」ことになる「遊び」です。

　しかし、最近ではこの「わざ」を磨き「用具を工夫する」遊びがめっきり減り、「交換する」遊びに変化したように思います。

　「釘たおし」や釘を使った「陣とり」などの遊びはほとんど見られなくなったのは土が少なくなった都会に住むからでしょうか。

⑦その他のあそび

　その他として「じゃんけん」をして「あっちむけホイ」や「足じゃんけん」など「じゃんけんする」ことそのものがあそびになるものや「ままごと」「お医者さんごっこ」「○○マン」など「模倣すること」や「演じる」「表現する」ことそのものが遊びになるものがあります。

　この「ごっこあそび」は観客が存在しなくとも、子どもたちは「遊び」として自分たちの世界で演じています。

　子どもたちは「お母さん」や「お医者さん」、「○○マン」や「怪獣」になり切っていながら

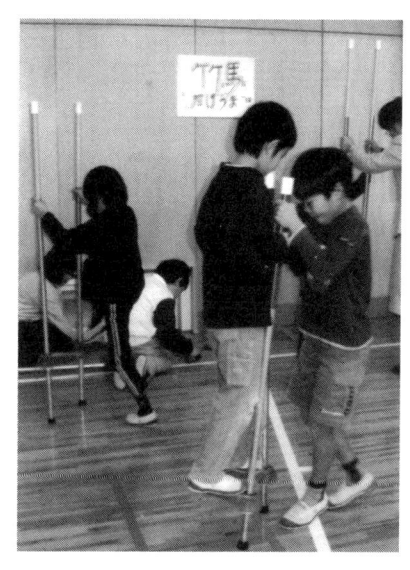

竹馬で遊ぶ、竹馬を教える

も、お母さんでない自己を客観視しているのかもしれません。
　この模倣と願望こそがいつの時代にも変わらぬ成人願望です。その遊ぶ姿を見るたびに、子どもたちから願望されるに足る成人であらねばと、子どもたちに教えられます。
　「伝承遊び」は私たちの生活文化です。言い換えると、親から子へ、子から孫へと伝承されてきた生活体験の蓄積です。遊びは子どもの生活の中心です。遊ぶ時間、遊ぶ仲間、遊ぶ場所を子どもたちは常に欲しているのですから。
　伝承遊びに対する単なる郷愁だけではなく、最も人間的営為である「あそび」と「あそびごころ」を子どもたちに与え続けようではありませんか。

ガキ大将

　この「ガキ大将」は、保育園や幼稚園の先生に一度はやってみてほしい遊びの一つです。長縄の先に短縄をしばり付け、投げ縄の要領で頭の上でだんだん縄を長く伸ばしながら傘状に縄を回します。外側の幼児を促してどんどんと足元に誘い入れるのです。
　入るタイミングは、自分の前を縄が通過した直後に入ることですが、なかなか入れない幼児もいます。そして、全員が先生の周りに集まったら、今度は縄の外に出て行きます。
　単純な目と体との協応を促す遊びですが、幼児から大人まで喜んで参加する楽しい遊びです。筆者は幼児教育科の学生に実技として紹介しますが、教育実習では幼児から最もリクエストの多いあそびだと言って帰ってきます。
　遠足に行ったとき、クラスの幼児を教師の近くに集めるときにも「ガキ大将」は活用できます。ちなみにこの遊びを「ガキ大将」と命名したのは他ならぬ筆者です。

「しんぶんし」で遊ぶ

　「新聞紙」前から読んでも「しんぶんし」、後から読んでも「しんぶんし」と呪文を唱えながら「キャッチボール」や「頭の上」に乗せて運んだり、胸に当てて落ちないように走ったりして遊ぶことはどこの保育園や幼稚園でも幼児の喜ぶ遊びです。
　新聞紙だけでなく、テイッシュペーパーやハンカチなどでも同様な遊びができます。

おんぶじゃんけん

　幼児が幼児をおんぶするのは、年長さんでも背負いきれずに転んだりして危険を伴うので、充分注意しながら実施してほしい遊びです。
　先ず、2人組みとなってお互いにジャンケンをします。勝った方が負けた人におんぶしてもらいます。次に、おんぶされた上同士でジャンケンします。勝った方が、上は相手の上の方に、下の方は相手の下におんぶしてもらい、次々と相手を探してジャンケンしていく遊びです。結構運動量のある楽しい遊びです。小学校体育では、現行の教育課程から「体づくりの運動」領域が「体操」領域に変わって導入されましたが、ねらいの一つに「相手の体に触れることで、相手を知ること」が大切だと述べられています。

○人組

先生が「3人！」と指示したら、誰彼かまわず3人で組んで座り、3で割り切れないで残った人がその回りを一周走り、先生と握手する。という単純なフルーツバスケットの一種です。このゲームを何回か経験させておくと、数人のグループを素早く作る際に便利なゲームです。ただし、残ってしまった幼児に疎外感を与えないように、先生が必ず「握手」することを忘れないで下さい。

年少さんなどでは、先生と握手したいためにわざと残りたがる幼児がみられることもあります。先生の「○人！」を注意深く聞き取ろうとするようになればしめたものです。

太陽と水に感謝

シンガポールの日本人学校に赴任されている先生方とお会いした時、なによりも懐かしく思い出すのは「日本の四季」だとおっしゃっておられました。

常夏の国がうらやましいと思っていた筆者にとって、なるほどと足許を見直すきっかけにもなりました。一方、水がきれいで豊富な国日本、周り中を海岸で囲まれた日本。当たり前のことのようですが、美しい四季の移り変わりや豊かな水、そして海岸線に縁取られた日本の環境に感謝するとともに幼児にもその恩恵を十分に与えてあげたいものです。

泥んこ遊び

　幼児にとっての夏はなんといっても「泥んこ遊び」です。

　砂や土、水などや、それを使って遊ぶ際のシャベルやバケツ、運搬用の手押し車などは幼児に多様な運動を生み出す背景となります。

　砂、水などは運動遊具と異なりそれを扱う技術を特に必要とせず、個々の幼児が安心して関われるものであり、同時に友達との楽しさも味わえることから日常的な遊びに使われています。

　幼児は、砂や土を丸めたり、バケツやじょうろで水をかけたり、運搬の手押し車で水や砂を運んだり、力を入れてシャベルで穴を掘ったり山を作ったりします。

　その過程で重いものを運んだり持ち上げたり、シャベルで突いたりよじったり、すくったりする運動を繰り返す遊びによって、自然に身体活動が行われています。

　その中でも、水は幼児が特に好む物ですが、砂と同様それを運ぶ過程での運動に加えて、友達に向けて水をすくってかけたり、その水がかからないように逃げたり、できた水溜りを跳び越すといった多様な運動が生み出される要素を持っています。

　また、水や砂は変形して元に戻らない可塑性があることから、予想外の現象が起き、幼児もそれに瞬時に対応する運動が生み出されます。

浜辺で遊ぶ子ども

例えば、水溜まりにわざと入り、うまく滑ってみたり、バランスを崩して倒れそうになったり、水を運びながらこぼさないようにバランスをとって歩いたりといった活き活きとした活動が見られます。
　幼児は、自分が自由に動ける場や、所有し比較的容易に扱えるものを取得することができると、自ら運動を生み出すだけでなく、体を動かす快さとともに情緒の安定を図ることができるものです。
　しかし、物が取得できても友達に受け入れられないと、友達を求める欲求の方が強く、運動を楽しむまでに至らないこともあります。
　夏には、是非近くの海や川原へ幼児を連れて行き、思う存分泥んこになって遊ばせてあげましょう。
　保育園や幼稚園では味わえない広い砂浜で、思い切り砂遊びや水遊びの経験をさせてあげたいものです。

水遊び

　保育園や幼稚園での水遊びは、スイミングスクールを抱える限られた施設や沖縄あたりを除くと、ほとんどが6月から7月にかけて行われる夏の運動遊びです。
　水遊びは、水中での歩行や水の中に沈んだり浮いたりしながらいろいろな動きに挑戦したり競争したりして楽しむ遊びです。
　水の快適さを味わうことができる反面、水の冷たさや水中では呼吸ができないこと、浮力などで体の自由がききにくくなることから、他の運動に比べて危険を伴い、恐怖心を抱きやすい運動でもあります。
　安全に配慮して遊べれば、水遊びは幼児にとってはバランスのとれたよい全身運動であり、特に年長児にとっては、できなかったことができるようになったときの喜びを味わうことのできる遊びでもあります。
　しかし、幼児期では協応動作がまだ十分発達していないことから、複雑な動きを伴う水遊びは難しく、水遊びの経験の差により、水遊びに対する興味・関心の面で大きな個人差が見られる時期でもあります。

遊び・食事・睡眠のリズム

　幼児は今も昔も、体を動かして遊ぶことが好きで、目覚めてから眠るまで一日中動き回っています。

　動くことは幼児の欲求であり、運動することによって、身体の発育・発達を促進しようとする本能的な欲求を持っていることは今更述べるまでもないでしょう。

　中でも、幼児は運動遊びを通して自らの体を自らの意思によって、自由自在に操作する楽しさや喜びを十分味わうような保育環境が大切です。

　運動することが楽しい経験として積み重ねられていくことができれば、将来の運動習慣への動機づけになり、健康・体力づくりへの基礎となります。

　その意味でも、夏の季節は思う存分泥んこになって遊ばせるには最適な季節です。

　テレビのコマーシャルではありませんが、衣服がどんなに泥んこになってもサッと洗ってあげれば乾きやすい季節でもあります。

　しかし、ここで気をつけなければならない常識的なことを念のため述べておきます。

　幼児の生活行動は、遊ぶ(運動)・食事(栄養)・睡眠(休養)のバランスとリズムを整えてやらなければ、元気な体と心を育むことはできません。

　残念ながら、最近の幼児は大人の生活リズムに振り回されてしまい子ども本来の生活のリズムに歪みが生じているのではないかと心配です。

　筆者の住む都会の街角では、お母さんの自転車の前に乗ったままで眠り、今にもころがり落ちそうな幼児の姿を見かけることが多くなりました。

　大いに遊ばせることは大切ですが、運動・栄養・休養のバランスを考えた幼児の生活のリズムを整えてあげることにも十分気を配りたいものです。

水遊びのきまり

　水遊びは幼児がとても楽しみにしているものですが、集団でプールなどに入る際いくつかの約束事をきちんと守らせることが必要です。

　まず「準備運動」をきちんとさせることです。準備運動には大きく二つのねらいがあります。

一つ目は、こころのねらいです。これからの遊びは水の中で遊ぶのだと自分自身に言い聞かせることです。

　二つ目は、からだのねらいです。いろいろな間接を柔らかくし、運動をするために全身の動きをよくしておきます。

　幼児にとって、水に入る前の準備運動の習慣は、とても大切なきまりとして将来にわたって事故防止に役立つからです。

　次に、足を洗い、シャワーで身体をきれいに洗うことです。プールの水質汚染防止のため十分身体清浄をする習慣も幼児期から身に付けなければなりません。

　三つ目に、幼児と事前にはっきり約束しておかなければならないことがあります。

　それは、「あがれ」の合図があったら全員一斉にプールから上がることです。人間は30センチの水深でも死亡することもあることを指導者は肝に銘じておくことです。

　毎年一夏に数件の不幸な水難事故があります。プールなどでの水遊びは楽しいので、ついつい幼児はプールから出たがらないものです。しかし、幼児は短時間で体が冷えてしまいますから、プールサイドでよく甲羅干しをして体を温め、何回も分けて入水するよう心がけることが大切です。

プールサイドで甲羅干し

水慣れが一番

　さて、いよいよプールに入ります。シャワーで濡れた体のままですぐ入水はしません。プールサイドに腰掛けて、足の甲で水を跳ね上げながら水慣れをしましょう。

次に、水中で「お風呂遊び」をしながらお風呂に入るまねっこをして、顔を洗ったり、体をこすったり、湯船につかったりして十分水慣れすることを薦めます。

　筆者は、実際に幼児を抱いて水中に入った時、どのくらいの深さになると幼児は恐怖感を抱き始めるのか、実際に幼児を抱いてプールの浅い方から深い方へと歩きながら何度か試したことがあります。

　毎回、水深が幼児の心臓の近くまで来るとしがみついてきました。したがって、経験の少ない幼児を安心して遊ばせる水深は、ほぼその幼児の心臓の高さ（乳頭）までと認識しておくと良いようです。

　フープを使った「輪くぐり」やホースを使った「ロープくぐり」では、くぐるものの高さを幼児の身長や経験差に合わせて上下してあげることが必要です。

　怖がる幼児には、指導者が手を添えたりして補助し、絶対に無理強いはしない方が良いでしょう。

　全員で手をつなぎ、プールを同じ方向に歩いたり、肩や腰につかまって電車ごっこをし、フープでトンネルを作り、高さを変えてくぐらせる遊びなどは幼児がとても喜んで楽しく遊べる方法です。

　また、二人組みで動物のまねっこ遊びも楽しい水遊びです。ワニ・タコ・蟹・クラゲ・カエルなど、小グループで互いに見せ合い、あてっこするのも良いでしょう。

　しかし、保育園や幼稚園の水遊びでは、幼児を自由に遊ばせる時間はできるだけ短時間にしたいものです。

　その間、保育者が積極的に関わり、遊びをリードしていく必要があります。とはいえ、

水泳の補助

一方的に指示する様式に終始するのではなく、ボール・輪・ビート板・浮き島・ヘルパーなどの補助具を使って恐怖感を和らげながら、幼児の同意や納得のもとに進めるとともに、徐々に幼児自身の工夫を取り入れたり、活動の幅を広げたりする見通しをもった保育が必要だと考えられます。

安全・保健・衛生への配慮

　最後に、プールおよび周辺の施設に危険箇所がないかどうか点検することは、当然のことです。保育園や幼稚園ではほとんどありませんが、小学校などでは排水口や循環設備のある水の取り入れ口付近で事故が多く発生しています。

　さらに、できれば水遊びのときは複数の指導者がいることが望ましいと言われています。そのため、東京のある公立幼稚園では、主任さんが各クラスの水遊びに「一日中プールサイドに立っていたので、今日はくたくたです」とおっしゃっておられました。

あとがき

　「幼児のからだづくり」や「運動あそび」に関わるようになっても、まさか書物にして世に出そうなんて考えたこともありませんでした。

　ところが、ふとしたことからエイデル研究所の新開英二編集長と出会い、雑誌『げんき』の特集「バランスのよい身体作り」について平素から思っていたことを話し、記事にしていただきました。

　その雑誌『げんき』が届き、まず表紙に掲載される子どもの絵の解説者を見て驚いてしまいました。なんと、平成9年度・文部省教員海外派遣で一ヶ月間チェコやアメリカ等を訪れた際にご一緒した前福井県教育庁教育審議幹であり現代美術作家の長谷光城先生ではありませんか。

　あまりの偶然に、お互いが唖然としながらも、嬉しさが募り、人と人との出会いの不思議さをあらためて思うばかりでした。

　その長谷光城先生に、「どうしても…」とお願いし、本書の表紙を飾っていただくことができたことは、小生にとって大変な光栄であり、大きな誇りです。

　特集で関わってことをきっかけに、雑誌『げんき』に「幼児の体づくり」について、2年間・12回に渡り連載記事を書くこととなりました。その記事をまとめ、加筆して拙書を出す契機になったのです。

　そして、本書の構成や編集は、長谷光城先生のご子息であるエイデル研究所の長谷吉洋氏ですからまさに奇遇としか言いようがありません。雑事に追われ、堕する小生を献身的に叱咤激励していただいたお陰で、ようやく本書が生まれることになりました。長谷吉洋氏に心からの謝意を表します。

　更に、イラストは東京女子体育短期大学で小生が開講する保育内容指導法の講義・演習を受講している2年生の羽生比呂子さんが一生懸命描いてくれました。

　将来、幼児教育の教師を志す教え子とともに本書を著すことができたことは、これまた教師として実に嬉しい限りです。

平成17年7月　吉野尚也

【著者紹介】

吉野 尚也（よしの・なおや）

昭和14（1939）年5月19日生まれ。
新潟県立柏崎高等学校から東京学芸大学初等教育学科入学。
卒業後は大田区立志茂田中学校、都立港工業高校、都立城南高校で保健体育科教諭を担当した。
昭和55年、東京都世田谷区教育委員会指導主事、都立教育研究所指導主事、東京都品川区教育委員会指導室長として指導・人事行政を担当した。平成3年、都立大森東高等学校長、平成7年都立大泉高等学校長となる。その間、全国普通科高等学校長会入試制度研究特別委員会委員長、全国高等学校長協会入試対策委員長、文部省「大学入学選抜方法の改善に関する会議」協力者、大学入試センター評価委員、文部省「大学審議会」専門委員を歴任した。
平成12年3月、校長を定年退職後、東京女子体育大学・東京女子体育短期大学教授として後進の指導にあたっている。

【イラスト】

羽生比呂子

【表紙】

長谷光城（写真は、大野市公立保育園）

【表紙DTP】

高岡素子

乳幼児のからだづくり―就学前にこれだけは

2005年8月31日	初刷発行	著　者	吉野尚也
		発行者	大塚智孝
		印刷・製本	中央精版印刷株式会社
		発行所	エイデル研究所
			東京都千代田区九段北4-1-9
			TEL03（3234）4641
			FAX03（3234）4644

© Yoshino Naoya
Printed in Japan　ISBN4-87168-397-4 C3037

● 親と保育者のための本

子ども・こころ・育ち

山田真理子　著

A5判／並製
税込1700円
エイデル研究所

大人にとっての「豊かさ」「便利さ」は子どもから何を奪っているか。失われた大切な「それまであったもの」をとりもどすことからはじめてほしい。

☆ **『機微を見つめる―心の保育入門―』著者による待望の第2弾！**
☆ **"テレビ子育て"をやめ、子育ての原点を取り戻すための1冊。**

第一章　失われた大切な「それまであったもの」
　おんぶと子守唄／布おむつ／「家族」と関わり体験／自然体験／失敗体験と豊かな感情体験／多重な人間関係

第二章　電子映像メディアと暮らす子どもたち
　テレビ漬け家族／あなたは大丈夫？―乳幼児のメディア接触 その危険可能性／メディアを「使いこなす」子育て

第三章　事例を通してキーワードを考える
　言葉が出ない／ヒーローごっこ／けんか／片づけ・集まり／運動嫌い／登園を嫌がる／落ち着きがない／きょうだい／おねしょ・指吸い・赤ちゃん返り 他

第四章　拡がる保育者の役割
　創作童話に見る学生気質／保育のプロに求められること／つまずきは子どもが育ち直すチャンス／「保育心理士」資格

第五章　生命あゆむ
　「自分」と向き合うとき／しがらみ（柵）／何で子どもは怒られることばかりするの？ 他

●親と保育者のための本

見直そう子育て たて直そう生活リズム
－リズムとアクセントのある生活を求めて

佐野勝徳・新開英二 著

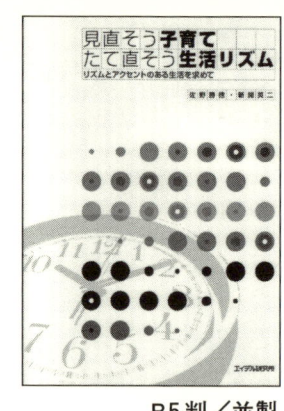

B5判／並製
税込1800円
エイデル研究所

我慢できずにキレる子どもが増えているなか、子育ての何を見直さなくてはいけないのか。「当たり前の生活」そして「当たり前の子育て」を取りもどしませんか。

☆**生活リズムと子どもの育ちの関係がわかる**
　（眠り／体温リズム／朝の食事／日中の行動／不登校）
☆**科学的知見を根拠とした正しい生活リズムの提案**
　（起床／散歩／遊び／リズムとアクセント／「捨て育て」とは）
☆**子どもたちに学ぶ楽しさを身につけさせよう**
　（学力低下問題／子どもを蝕む文明の利器／習慣が人格をつくる）
☆**子育てを豊かにするために**
　（科学絵本／わらべうた／おもちゃの紹介）

－目次－

第1章　子どもたちは今
　「普通の子」「よい子」に潜む深刻な問題／閉塞感ただよう保育・教育行政／その他

第2章　子育てと子育ちのバランス
　早期教育に関する研究から／「よく遊び手伝いもよくしている子」はキレない／「捨て育て」に学ぶ／子どもの脳がおかしい／当たり前の生活のすすめ／その他

第3章　生活リズムと子どもの育ち
　生活リズムを考える前に／眠りを科学すると／睡眠リズムと目覚めの気分／その他

第4章　こんな生活してみませんか

第5章　子育ての中身をより豊かにするために